本书为2020年度江苏省高校哲学社会科学研究思政
业生态系统的优化路径研究项目（项目编号：2020SJB0965）的研究成果

大学生职业生涯规划与创业就业指导

仇　华◎著

北京工业大学出版社

图书在版编目（CIP）数据

大学生职业生涯规划与创业就业指导 / 仇华著. —北京：北京工业大学出版社，2021.9
ISBN 978-7-5639-8133-5

Ⅰ. ①大… Ⅱ. ①仇… Ⅲ. ①大学生－职业选择－高等学校－教材 Ⅳ. ① G647.38

中国版本图书馆CIP数据核字（2021）第 201297 号

大学生职业生涯规划与创业就业指导
DAXUESHENG ZHIYE SHENGYA GUIHUA YU CHUANGYE JIUYE ZHIDAO

著　　者：	仇　华
责任编辑：	李倩倩
封面设计：	知更壹点
出版发行：	北京工业大学出版社
	（北京市朝阳区平乐园 100 号　邮编：100124）
	010-67391722（传真）　bgdcbs@sina.com
经销单位：	全国各地新华书店
承印单位：	三河市腾飞印务有限公司
开　　本：	710 毫米 ×1000 毫米　1/16
印　　张：	11
字　　数：	220 千字
版　　次：	2023 年 4 月第 1 版
印　　次：	2023 年 4 月第 1 次印刷
标准书号：	ISBN 978-7-5639-8133-5
定　　价：	60.00 元

版权所有　翻印必究

（如发现印装质量问题，请寄本社发行部调换 010-67391106）

作者简介

仇华,女,毕业于苏州大学法律专业,就职于盐城师范学院。研究方向是大学生就业创业,曾指导学生参加江苏省职业规划大赛,多次获省级一、二等奖。

前　言

党的十九大报告明确指出，要"实现更高质量和更充分就业"。习近平总书记多次做出重要指示，我们的教育必须把培养社会主义事业的建设者和接班人作为根本任务，培养一代又一代拥护中国共产党领导和我国社会主义制度、立志为中国特色社会主义奋斗终身的有用人才，培养德、智、体、美、劳全面发展的社会主义事业建设者和接班人。近年来，各高校都在扎实有效地开设相关课程，帮助大学生提升创业就业的能力。高校开展创业就业教育，鼓励大学毕业生自主创业，是培养大学生创新精神和实践能力的重要途径。

本书共五章。第一章主要介绍的是职业的相关内容，如职业概念、职业分类、职业素养以及职业意识。第二章主要介绍了大学生职业生涯规划的理论知识，包括基本概念、特点及意义，职业生涯规划的目标设立、实施与管理。第三章主要从企业参与、借力互联网、完善教育服务机制、思想政治教育助力等方面介绍了大学生职业生涯规划指导的方式和策略，并给出了具体的指导案例。第四章主要介绍了大学生就业指导的相关概念、就业信息的搜集与解读、大学生就业教育措施、大学生求职的笔试和面试技巧指导方法以及大学生谨防求职陷阱的教育指导方法。第五章主要介绍了大学生创业的相关概念、大学生自主创业的准备工作、创业机会识别、创业启动与实施指导、大学生创业风险规避和创业失败学习、创业资源的整合和大学生自主创业的案例举隅等。

本书对新时代的大学生职业生涯规划与创业就业指导问题进行了深入、系统的研究，可为高等院校的大学生职业生涯规划教育和创业就业指导提供有益的参考。本书注重实用性和趣味性。作者在撰写本书的过程中参考了大量的学术文献，得到了许多专家学者的帮助和指导，在此表示真诚的感谢。

由于作者水平有限，书中难免有不足之处，恳请广大读者批评指正。

目　录

第一章　职业导论 ………………………………………………………… 1
第一节　职业概述 ……………………………………………………… 1
第二节　职业分类 ……………………………………………………… 2
第三节　职业素养 ……………………………………………………… 4
第四节　职业意识 ……………………………………………………… 6

第二章　大学生职业生涯规划 …………………………………………… 9
第一节　大学生职业生涯规划概述 …………………………………… 9
第二节　大学生职业生涯规划设计的程序步骤 ……………………… 21
第三节　大学生职业生涯规划的目标设立 …………………………… 24
第四节　大学生职业生涯规划的实施 ………………………………… 29
第五节　大学生职业生涯规划的管理 ………………………………… 39

第三章　大学生职业生涯规划指导 ……………………………………… 47
第一节　企业参与指导大学生职业生涯规划 ………………………… 47
第二节　借助互联网创新大学生职业生涯规划指导 ………………… 49
第三节　完善大学生职业生涯规划教育服务机制 …………………… 54
第四节　思想政治教育助力大学生职业生涯规划指导 ……………… 58

第四章　大学生就业指导 ………………………………………………… 62
第一节　大学生就业指导概述 ………………………………………… 62
第二节　就业信息的搜集与解读 ……………………………………… 64
第三节　大学生就业教育措施 ………………………………………… 67

第四节　大学生求职的笔试和面试技巧指导 ……………………… 76
　　第五节　大学生谨防求职陷阱的教育指导 ……………………… 80
第五章　大学生创业指导 ……………………………………………… 84
　　第一节　大学生创业指导概述 …………………………………… 84
　　第二节　大学生自主创业准备指导 ……………………………… 89
　　第三节　创业机会识别指导 ……………………………………… 98
　　第四节　大学生创业启动与实施指导 ………………………… 107
　　第五节　大学生创业风险规避和创业失败学习 ……………… 130
　　第六节　大学生创业资源整合指导 …………………………… 136
　　第七节　大学生创新创业教育措施 …………………………… 145
　　第八节　大学生自主创业案例举隅 …………………………… 155
参考文献 ……………………………………………………………… 164

第一章 职业导论

对大学生来说,"职业"虽然是一个耳熟能详的词,但是有关调查表明,很多大学生对其了解甚少,出现了诸如"冲动选择""猜测选择"的情况,导致现实与理想之间产生较大差距,有的大学生甚至丧失了努力工作的动力。因此,大学生要正确选择职业,必须先了解职业的相关知识。本章主要介绍职业的概念、职业分类、职业素养以及职业意识,旨在帮助大学生正确看待和选择合适的职业。

第一节 职业概述

一、职业的概念

职业是参与社会分工,利用专门的知识和技能,创造物质财富和精神财富,获得合理报酬,满足物质生活和精神生活的工作。职业综合反映了一个人的生活方式、文化水平、经济状况、行为模式、思想情操等情况,是社会个体的权利、义务、职责和社会地位的一般体现。

二、职业的特性

职业具有社会性——参与社会分工,创造财富;技术性——具有专门的知识和技能;经济性——获取相应报酬;连续性——稳定存在,螺旋态势;规范性——特定职业规范和操作规程。

与职业紧密相关的两个概念是:职位和工作。职位是和分配给个人的一系列具体任务直接相关的,职位和参与工作的个人相对应,有多少参与工作的个人,就有多少个职位;工作是指由一系列相似的职位所组成的一个特定的专业领域。职业是指在不同的专业领域中的一系列相似的服务。从概念上来看，职位、工作、职业的关系是从微观到宏观的关系。

第二节 职业分类

职业分类是运用一定的科学方法和手段，对社会全体从业人员所从事的各类经济性活动进行分析和研究，按活动的性质、对象、内容、形式、功用和结果等进行类型划分和归总的工作。职业分类的目的是将社会上纷繁复杂的现行工作类型，划分成规范统一、井然有序的类别或层次。

职业分类是国家经济、劳动和职业教育培训工作的基础，科学的职业分类能有效掌握和观测国家经济结构及就业结构的变动发展，并能为国家职业教育培训确定目标与方向。

由于各国国情不同，职业分类方法和标准也有所差别，下面简要介绍一下西方国家和我国的职业分类。

一、国外的职业分类

根据西方国家一些学者提出的理论，一般按照以下三种标准对职业进行分类。

（一）按体力劳动和脑力劳动的性质、层次分类

按照此类标准，通常将从业者划分为白领工作人员和蓝领工作人员两大类。其中，白领工作人员包括：专业性和科技性的工作人员，如会计、建筑师、计算机专家、工程师、法官、医生、教师、牧师、社会科学家和作家等；农场以外的经理和行政管理人员；销售人员；办公室工作人员。

蓝领工作人员包括：手工艺及类似工人，如木匠、砖瓦匠、建造工、保养工和油漆工等；运输装置操作工人；农场以外的工人，如建筑工人、垃圾工和伐木工等；服务性行业工人，如清扫服务工、农场工人、私人服务人员等。

（二）按心理个别差异分类

这种分类是根据美国著名的职业指导专家霍兰德创立的"人格—职业"类型匹配理论，把人格类型分为六种，即现实型、研究型、艺术型、社会型、

企业型和常规型，与此相对应的是六种职业类型。

现实型职业：主要是指熟练的手工和技术工作，通常指运用手工工具或机器进行的工作，在西方常被称为蓝领职业。从事这类工作的人包括木匠、鞋匠、锁匠、产业工人、运输工人（司机）等。

研究型职业：主要是指科学研究和试验的工作。从事这些工作的人，包括研究自然界和人类社会是怎样构成和发展变化的工作人员。

艺术型职业：主要是指艺术创作类的工作。通常指使用语言、音像、动作、色彩等创造艺术的工作。艺术家、舞蹈演员、摄影师、书画家和雕塑家等各类文艺工作者就是从事这类职业的人。

社会型职业：主要是指为人办事的工作，即教育人员、医护人员、帮助人员、服务人员的工作。从事这类工作的人包括教师、医生、护士、服务员、家庭保姆等。

企业型职业：主要是指那些劝说和指派他人去做某事的工作。从事这类工作的人包括工作机构的负责人、党政干部、经理、厂长、律师、商业顾问、推销员等。

常规型职业：通常是指办公室工作，即与组织机构、文件档案和活动安排等打交道的工作。从事这类工作的人包括办公室办事员、图书管理员、统计员、银行出纳、商店收款员和邮电工作人员等。

（三）按各个职业的主要职责或工作领域进行分类

国际劳工组织依据各个职业的主要职责或工作领域对职业进行了分类，并制定了《国际标准职业分类》，为各国的职业分类提供了统一的准则。1958年《国际标准职业分类》初版发行，经1968年、1988年、2008年3次修订，形成了目前最新版本的《国际标准职业分类（2008）》，它将职业分为了10大类，分别是管理者，专业人员，技术和辅助专业人员，办事人员，服务与销售人员，农业、林业和渔业技术员，工艺和相关行业人员，机械操作人员与装配人员，非技术工人，军人。

二、我国的职业分类

1986年，我国首次颁布了《职业分类与代码》（GB 6565—1986），并启动了编制国家统一职业分类标准的宏大工程。1992年，在中央各部委的大力支持和协助下，劳动部（现为人力资源和社会保障部）组织编制了《中华人民共和国工种分类目录》，这个目录将当时我国近万个工种归并为分属46个大类的

4700多个工种，初步建立起行业齐全、层次分明、内容比较完整、结构比较合理的工种分类体系，为进一步做好职业分类工作奠定了坚实基础。1998年12月，国家职业分类大典和职业资格工作委员会，编制完成了《中华人民共和国职业分类大典》，并于1999年5月正式颁布实施。2015年7月，国家职业分类大典修订工作委员会召开全体会议审议，表决通过并颁布了新修订的2015版《中华人民共和国职业分类大典》。《中华人民共和国职业分类大典》是我国第一部对职业进行科学分类的权威性文献。由于它的编制与国家标准《职业分类与代码》（GB 6565—1986）的修订同步进行，相互兼容，因此，它本身也就代表了国家标准。《中华人民共和国职业分类大典》把我国职业划分为由大到小、由粗到细的四个层次：大类（8个）、中类（75个）、小类（434个）、细类（1481个）。细类为最小类别，亦即职业。

我国的职业分类还在逐步更新。2019年4月，人力资源和社会保障部会同国家市场监督管理总局、国家统计局向社会发布了13个新职业信息，包括智能工程技术人员、物联网工程技术人员、大数据工程技术人员、云计算工程技术人员、数字化管理师、建筑信息模型技术员、电子竞技运营师、电子竞技员、无人机驾驶员、农业经理人、物联网安装调试员、工业机器人系统操作员、工业机器人系统运维员；2020年年初，又新增了智能制造工程技术人员、工业互联网工程技术人员、虚拟现实工程技术人员、连锁经营管理师、供应链管理师、网约配送员、人工智能训练师、电气电子产品环保检测员、全媒体运营师、健康照护师、呼吸治疗师、出生缺陷防控咨询师、康复辅助技术咨询师、无人机装调检修工、铁路综合维修工、装配式建筑施工员共16个职业；2020年6月28日，又增加了区块链工程技术人员、城市管理网格员、互联网营销师、信息安全测试员、区块链应用操作员、在线学习服务师、社群健康助理员、老年人能力评估师、增材制造设备操作员共9个职业。社会日新月异，大学生需要时刻关注职业前沿动态。

第三节　职业素养

一、素养的概念

在汉语中，"素养"一词早已有之。《汉书·眭两夏侯京翼李传》载：

"马不伏历,不可以趋道,士不素养,不可以重国。"其意思是说,马不在马槽边驯养出规矩,就不能很好地驱使使用;人如果不具备良好的素质,就不可以被国家重用。论述素养容易使人联想到素质一词,也有人将素养等同为素质。其实,这两个词的含义还是有差别的,《辞海》中对素质的解释是:"人的先天的解剖生理特点,主要是感觉器官和神经系统方面的特点。"这里,先天本原特质的含义极为突出,因此,将素质与素养等同显然是不恰当的。两者比较,素质重在人的先天本原基质,不含人为改变成分或因素;素养重在人的修为与努力,并含有由修为与努力带来的变化与结果。

由此,我们对素养可以下这样的定义:所谓素养,主要指人们为了一定的目的,在涉及自身生存和发展的各个认识与实践领域所进行的勤奋学习与涵养锻炼,以及在知识才能和思想品质方面所达到的水平。例如,我们一般不说"某人素养很深",而是具体地说"某人古汉语的素养很深",或者说"某人有很高的品格素养"等。

二、职业素养的内容

职业素养是人类在社会活动中需要遵守的行为规范。个体行为的总和构成了自身的职业素养,职业素养是内涵,个体行为是外在表象。职业信念是职业素养的核心。良好的职业素养包含:良好的职业道德,正面积极的职业心态和正确的职业价值观意识。良好的职业素养是一个成功职业人必须具备的核心素养。良好的职业信念应该是由爱岗、敬业、忠诚、奉献、正面、乐观、用心、开放、合作及始终如一等这些关键词搭建。

著名哲学家康德说:"世界上唯有两样东西能让我们的内心受到深深的震撼,一是我们头顶上灿烂的星空,一是我们内心崇高的道德法则。"所谓职业道德,是指从事一定职业的人在其履行职业职责的过程中应遵循的特定的职业思想、行为准则和规范,是与之相适应的道德观念、道德意识、道德活动的总和,是一般社会道德在特定的职业活动中的体现,是人们在从事本职业的过程中形成的一种内在的、非强制性的约束机制。职业道德直接影响到行业风气的好坏与社会和谐的稳定。

第四节 职业意识

一、职业意识的概念

职业意识是大学生对社会上存在的职业的理解、评价和对自己将来从事的职业的选择偏好以及职业实践中的情感、态度、意志和品质等心理成分的综合反映，它是大学生支配和调控一切职业活动的调节器。

职业意识通过法律、法规、行业自律、规章制度、企业规定等来体现。职业意识具有社会共性，它是大学生从业的最基本意识。职业意识既影响大学生的择业意识，又影响大学生的就业意识。择业意识指大学生对自己希望从事的职业的看法，就业意识指大学生对自己从事的工作和任职角色的看法。

二、职业意识对职业生涯的影响

大学生的职业意识不同，会导致各自的发展不同。正确且成熟的职业意识可以对大学生的职业生涯产生以下几个方面的正面影响。

①正确且成熟的职业意识有助于大学生职业兴趣的产生和职业选择的顺利进行。

②正确且成熟的职业意识可以改变大学生今后自身工作的动力，可以使大学生以后更主动、更努力地去工作。当大学生自己更努力、更主动地去工作时，其个人的业绩就会得到相应的提高，这也有助于提高大学生的职业满意度。

③成熟的职业意识有利于大学生工作方式和生活方式的优化及个人素质的提高。大学生职业生涯的成败很大程度上取决于其有无正确的职业意识，很多成功的职场人所共有的一个显著特点就是拥有积极、正确的职业意识。

三、培养职业意识的方法

（一）塑造诚信形象

"人无信不立"，一个人不讲信用，就不能立足于世。可见，讲究诚信在个人生活中的重要性。诚信一般包含两方面的内容：一是指为人处事真诚，实事求是；二是指信守承诺。大学生应该努力塑造诚信的形象，这样他人才愿意与自己深交，愿意竭力为自己提供帮助。一个明智的员工会在为人处世方面十分诚实和坦率，以此来赢得更多的发展机会，赢得同事与他人的尊重。

（二）增强责任感

责任是一个人份内应该做的事情，是做好应该做好的工作，承担应该承担的任务，完成应该完成的使命。责任是一个人对自己的内心和环境勇于承担的能力和行为。责任感从本质上讲既要利己，又要以国家、社会和他人的利益为重；具体地讲，就是明确自己的权利与义务，对自己的工作和行为负责。在大学里，大学生认真学习，增强专业知识和技能，服从教师和学校的安排是一种责任。在工作中，员工遵守公司的规章制度，服从上级的工作安排，主动按时按量完成工作任务，也是一种责任。

（三）打造专业精神

专业精神通常指对工作的热爱和投入、努力成为行家里手的进取精神，是一种执着于工作规范、要求、品质等要素的严谨作风。打造专业精神，就是追求卓越。专业精神强的人，往往具备良好的专业知识和专业能力，表现出高尚的职业道德和职业操守。

大学生在培养专业精神时，需要严格要求自己，不管是学习还是社会实践，都要集中精力，主动积极，全力以赴。成功的秘诀无他，不过是凡事都自我要求达到极致而已。

（四）提高成就动机

追求成功的人都不愿做没有挑战性的事情，这似乎是大多数人的共识。但凡有成就的人，都具有极强的成就欲。人的成就欲也称为成就动机，指一个人去从事、去完成自己认为很重要或很有价值的工作，并使之达到完善地步的一种内在推动力量。一个人成就欲的强弱，直接影响到他的工作绩效。如果一个员工的成就欲不够，那么他对工作的态度可能是得过且过。相反，如果一个员工的成就欲很强，那么他将在工作中表现出高度的责任意识，会尽力解决工作中的一切问题。

大学生应该积极涉足新的领域，敢于尝试从未做过的事情，积极参加社会实践，培养职业兴趣，使自己的才智得到更好的发挥，从而提高自己的成就欲。

（五）提高挫折承受力

挫折承受力是指人们在遭遇挫折时，能否承受得了巨大的压力和打击，有无摆脱和排解困境，而使自己避免心理与行为失常的一种耐受能力。

大学生要提高挫折承受力，首先应正确认识自我，这样在做事情时才能制定出符合自己能力的目标。如果目标过高，会导致结果与自己的预期相差太大，打击自信心；如果目标过低，会感觉自己没有发挥出实力。

其次，大学生应学会自我调节。人生的道路崎岖坎坷，难免有挫折和失误，也少不了烦恼和苦闷。遭遇挫折时，大学生应迅速找到缓解渠道或把注意力转移到别的方面，如向亲戚、朋友倾诉，或者参加一些娱乐活动。大学生平时可以拓宽自己的兴趣面。兴趣是保护大学生拥有良好的心理状态的重要条件，大学生的兴趣越广泛，适应能力就越强，心理压力就越小。

最后，大学生要学会变通，及时调整目标。如果在一件事情上遇到的挫折接连不断，大学生就需要考虑是不是目标出了问题。如果是目标出了问题，就应学会变通，及时调整目标。

（六）培养团队精神

团队精神，简单来说就是大局意识、协作精神和服务精神的集中体现。培养团队精神应该从日常学习、生活做起。在日常的学习、生活中，同学之间应经常交换思想、交流情感、相互关心，在交往中共同体验合作的快乐。团队精神归根结底就是互助精神，只有通过经常性的互助活动，大学生才能深刻领悟"我为人人，人人为我"的团队精神的内涵，从而自觉摒弃自私自利的个人主义作风。

第二章 大学生职业生涯规划

大学是个体开展连续的、系统化知识学习活动的最后一个阶段,大学生完成大学的学习后,每个人都将以一名从业者的身份进入社会。在大学这一阶段,除了掌握专业的、体系完整的文化知识之外,做好从业准备、规划人生前景也是大学阶段的一项重要任务。本章主要介绍大学生职业生涯规划的基本概念、职业生涯规划教育、职业生涯规划设计的程序步骤,以及职业生涯规划的目标设立、实施和管理等。

第一节 大学生职业生涯规划概述

在大学阶段,大学生往往会由于环境的剧烈改变而出现各种不适应情况。例如,小A是初入大学的新生,在适应了大学生活的规律后渐渐懈怠起来。因为他自己没有太多的兴趣爱好,参与学校活动的机会很少,每天的生活三点一线"宿舍—食堂—教室",对学习也没有很大的热情,认为获得高分和低分的差别不大。虽然隐约觉得学业成绩对未来找工作和个人发展有影响,也产生过一些焦虑和迷茫的情绪,但感觉这些离自己这个大一新生太过遥远,大学四年级似乎才是考虑这些的时候。

小C是大学二年级学生,个性活泼,爱交朋友,经常参加学校的各种社团活动,对学业也很重视,自己的日程安排得非常满,每天穿梭于教室、报告厅、活动中心等场所,是同学眼中的"活跃分子"。虽然有这样积极的生活状态,但小C也经常迷惑:自己每天都有很多事情要做,但总感觉不知道这么忙碌是为了什么,不确定今天自己的努力对于今后的就业和发展是不是真的有作用,有多大的作用。

小D初入大学三年级,学生会骨干,参加了多个学生社团和学生组织,个人能力得到很大提升，但这些成绩与自己最初制定的"考研深造"目标似乎偏离得越来越远了。大学生活已过半，研究生入学考试迫在眉睫，究竟是马上投入紧张忙碌的考研复习，还是坚持把自己经营了2年的学生工作做得更进一步？虽然自己非常喜欢做与人打交道的工作，也擅长处理各种组织协调性工作，但本科毕业后只能到基层企业工作的现实也摆在眼前，"抉择"成为困扰他的最大的难题。

以上几则事例是大学生经常会遇到的情况。"未来是什么样的？自己应该做什么？应该如何去做？"等问题困扰着很多同学，职业生涯规划正是帮助准从业者做好人生规划、探索职业世界、增强学业指向性和目的性的一种最为有效的方法。通过科学的职业规划，可以帮助大学生明确求学、求职、职业发展、人生价值等诸多重要目标，职业生涯规划是实现个体社会价值最大化的金钥匙。

一、生涯的概念

所谓"生涯"，从文字上来看，"生"可以理解为"生命、生活"，引申为"开始"；"涯"可以理解为"边际、终点"，引申为"结束"，那么生涯的概念就可以定义为：生命或生活从开始到结束的整个过程。在日常生活中，通常有"艺术生涯""从教生涯""学生生涯""戎马生涯"等说法，这些描述将个体在生命过程中的某一阶段截取出来，取其参与社会活动的特征，赋予了阶段性的定义。《辞海》里对"生涯"一词的定义是：从事某种活动或职业的生活。

生涯的英文为"Career"，其含义包括生活道路、职业、事业和人生经历等，它由"职业"拓展而来；在中文中，"Career"经常被翻译引申为"职业生涯"。目前，大多数学者都认同和接受的生涯定义是由唐纳德·E.舒伯提出的，他认为职业生涯是人生中各种事情的演进方向和历程，统合了人一生中的各种职业和生活角色在。在舒伯的定义中，生涯不仅仅是人的职业历程，还涵盖了人生中的所有身份角色，如学生、退休者、公民、家庭成员等。

二、大学生如何适应大学生活

（一）学会学习

学会学习是当代人生存和发展的必备利器。培养学会学习的能力，是大学学习的关键所在。掌握知识只是大学生学习的一部分，还有更重要的一点是要有正确的学习方法。大学生只有掌握了快速、有效的学习方法，才能适应瞬息万变的社会。学会如何学习不仅是大学学习的目标，也是胜任岗位的关键。当今时代是知识经济和终身学习的时代，学会学习已成为开启这个时代的通行证。正如美国未来学家托夫勒所言："未来的文盲不再是不识字的人，而是没有学会怎样学习的人。"那么，大学生应该如何学习呢？

1. 树立大学目标

高中的学习目标就是高考，到了大学没有目标就会迷茫。大学生树立自己的大学目标，合理规划大学生活，就会使自己的大学生活更有方向，从而使大学生活更充实。

2. 提高自学能力

自学包括自主学习、探究学习和合作学习。大学生要按照自己的大学生活规划和人生目标主动去获取知识，构建自身合理的知识结构。对自己习得的知识要进行自我检测和自我补"缺"。

3. 有效支配时间

大学生要根据自己的学习目标、课程安排、就业意向以及兴趣爱好，制订出自己的日程和作息时间表。做事要有计划性，切忌拖拉，学会有效管理自己的时间。

4. 拓宽学习渠道

大学的学习绝不仅仅是学在课堂，还要在社会中学习，可通过读书、看报、上网、听讲座、参加实践活动等多种方式学习。

（二）学会做事

古人云："纸上得来终觉浅，绝知此事要躬行。""做事"通俗地说就是能力，是一个人能够应对各种情况的能力。对大学生而言，学会做事主要可以从以下几方面入手。

1. 要有自信

一个人如果有自信，将会积极主动地探索新事物。自信也是提高自身能力的基础。

2. 热爱劳动

劳动是一个人成长的必修课。海尔集团创始人张瑞敏有句名言："能够把简单的事情天天做好，就是不简单。"如果大家不屑于劳动，就很难成长，很难获得做大事的机会。大学生可以从身边的小事做起，从劳动中学会自己管理自己，自己教育自己。大学生应做到积极参加校园文化活动，锻炼自己；注重实习实训环节，提高动手实践能力；积极参加社会实践活动，加快个体社会化进程。

3. 做事分轻重缓急

哈佛大学教给学生一种做事法则，即每个人要将自己每天要做的事情按照轻重缓急排序后分成10项，并用自己最主要的精力集中办好最重要的前两项，那么后面8项事情自然而然也会办得很好。

4. 学会创新

学习生活中要学会观察和思考，让自己有创造力，因创造给自己带来崭新的学习和生活。

三、生涯规划的概念

生涯是一个动态的过程，贯穿于人生命的全过程，它包含学习、成长、贡献、享乐、困苦等各种情况。在生涯的不同阶段，人扮演着不同的角色，经历着不同的事件，这些都时时刻刻影响着个人的身心发展。对自身过往经历或不同人物生涯过程的了解和研究，可以使人们进一步了解自己对人生发展的渴望，从而有计划地展开一系列的行动，积极、主动地去面对未来。同时，受遗传因素、教育经历、家庭条件、社会环境等诸多因素的影响，每个人的生涯都存在着差异性，所以生涯发展是个性化的发展，各种原因的交互作用使每个人都有专属于自己的生涯。

生涯规划是一个人尽其所能地规划未来生涯发展的历程，在考虑个人的智能、性向、价值以及阻力和助力的前提下，做好妥善的安排，并借此调整和摆正自己在人生中的位置，以期自己能适得其所。

四、职业生涯规划的概念及特点

（一）职业生涯规划的概念

职业生涯规划是指在对个体的内在心理特征和外在环境条件进行评定、分析、研究的基础上，结合自身情况以及眼前的机遇和制约因素选择职业道路，设定明确的职业发展长期目标，并制订相应的发展计划、教育计划和具体步骤及行动时间、行动方案等活动规划。按照规划的时间维度，职业生涯规划基本上可以分为短期规划（2年以内）、中期规划（2～5年）、长期规划

（5~10年）和人生规划（整个职业生涯规划，时间可长达40年）4种类型。

（二）职业生涯规划的特点

职业生涯规划是大学生结合个人特点，为自己确立职业目标，选择职业道路，确立行动方向，采取沟通、教育、培训等行动措施，最终达到实现个人价值的目标。在这个过程中，大学生职业生涯规划具有的独特性如下。

1. 个性化特征

世界上不存在完全一样的两片树叶，每一片树叶都是独一无二的。由于个体存在性格、价值观、思维方式、行为方式、职业生涯目标等内在因素的差异，因此，每个人的职业生涯规划必然存在明显的个性特点。个性化特征是职业生涯规划最主要的特征。

2. 主体性特征

内因是事物发展的根据。发展的动力源泉在于个人。大学生是职业生涯规划的主体，职业生涯规划是个人需要、动机、主动参与行为、自我构建、自我控制的统一体。职业生涯规划朝着预设方向发展的关键是获得自主权。整个规划发展过程遵循了自我意识呈现—自我建设—自我控制—个人发展选择的轨迹。尽管无法忽视家庭环境、社会环境等外部因素的影响，但如果不认清发展的动力源泉在于个人，就无法掌握个人职业生涯规划朝着预设的目标发展的根本推动力。

3. 开放性特征

制定职业生涯规划的相关者除了本人外，还包括家庭成员、领导、教师、职业生涯指导专家等，最终的发展结果是多方协调的产物。例如，家庭成员能够在生活阅历、社会支持等方面提供帮助。生涯辅导与职业指导专业人员能够帮助规划主体开阔眼界、准确认知自己和进行外部职业世界探索。此外，还需要运用相关测评工具。如通过一些测评机构或调查表来测评规划者的兴趣、性格、能力、价值观等，为职业生涯规划的制定提供理论支持和科学依据。

4. 预见性特征

职业生涯规划目标是制定者对未来职业发展的愿景，具体表现为对所从事行业的方向性预见，对期望的职位、技能、薪金、福利等具体要素的预见。职业生涯规划过程需要依据个人或组织发展实际，定期对预见性进行修正，使个人职业生涯规划及其职业目标能随着组织和社会环境的变化不断与时俱进，使内外部世界更加契合匹配。

五、职业生涯规划的意义、内容和任务

（一）职业生涯规划的意义

1. 是大学生进行生涯唤醒和生涯定向的需要

（1）生涯唤醒

生涯唤醒的前提是自我觉知。职业生涯规划的重要功能就是帮助人们了解自己，自我觉知，并引导人们了解外部世界。例如，对于砍树这项任务而言，即使不磨刀，也可以砍成树。但如果事先研究了树的纹理和结构，先把刀磨好，看起来是晚一步砍树，然而却提高了更好更早地完成任务的概率。生涯唤醒的行动表现是订立契约与做出承诺。职业生涯规划一旦确定，个人就为自己的人生订立了一份契约，敦促自己为此做出承诺。尽管这份契约和承诺的内容会经过评估、反思、调整，但契约和承诺的精神是保证职业生涯规划持续进行的内在约束力。总之，在职业生涯规划中，个人就是规划的主人。只有自己意识到它的重要性，它才能发挥作用。职业生涯规划最大的意义在于个人以行动去实现目标，因此，任何人都无法取代个人在大学生职业生涯规划中的主体作用。

（2）生涯定向

一方面，拥有明确的职业生涯定向，有利于大学生清晰地关注自己在职业生涯过程中所设定的目标，明确行动计划、步骤，使大学阶段的学习和生活变被动为主动。另一方面，具有明确职业生涯定向的人，在面对抉择、困难和挑战时，内心会形成一种自我调节的激励机制，从而形成一种不达目的誓不罢休、全力以赴超越自我的拼劲。反之，则易出现焦虑、不安、畏难等负面情绪。很多大学生中存在的盲目性问题，如求学动机缺乏、学习动力不足、学业成绩偏低、学生角色投入不足、个性发展受限等，都是缺乏明确的生涯定向导致的。

2. 是大学生突破障碍、开发潜能与自我实现的需要

职业生涯规划具有突破障碍、开发潜能和自我实现三个积极作用。明确的职业目标和科学规划能够帮助大学生在面临困难时，以积极心态汇聚战胜困难的动力，驱逐内心的焦虑、怯懦、迷茫等消极心态。在职业生涯规划的三个积极作用中，突破障碍与开发潜能是正反相对的关系，自我实现是最终实现的目标。三者关系首先是互为促进的，进而逐步递进，最终实现自我实现的目标。因此，生涯规划所具备的突破障碍、开发潜能和自我实现的特征，将激励

大学生在生涯发展道路上不断实现自我、超越自我。

（1）突破障碍。

它包括内在障碍和外在障碍：内在障碍包括恐惧不安、缺乏信心、缺少自觉、自视甚低、态度消极、缺少技能；外在障碍包括政局不安、市场趋势不明、经济衰退、社会紊乱、刻板印象、体能要求。

（2）开发潜能。

它包括自我觉知、积极进取、建立自信、培养实力、增强勇气、沟通技巧。

（3）自我实现

它包括以己为荣、圆融、丰足、喜悦、智慧、创造力等。一个人最大的幸福，是能以自己选择的方式生活。适合自己的才是最好的。生涯规划的最终目的不在于找到了多么完美的人生目标，而在于它带给人们认识自己和了解社会的方法，并在此基础上更加理性地选择适合自己并在内心为之向往的职业发展道路。

3. 是大学生立志成才，成为时代新人的需要

大学阶段的职业生涯规划教育对于大学生的成长成才至关重要。第一，职业生涯规划能帮助大学生明确目标、激活梦想。职业生涯规划能够让大学生在探索职业世界的过程中，关注祖国需要、社会发展，使大学生自觉地把个人利益同祖国利益、人民利益结合起来，将自己的职业理想同社会的共同理想结合起来，将小我融入大我，实现个人梦与国家梦、民族梦的同频共振。第二，职业生涯规划，能够引导大学生脚踏实地、付诸行动。当梦想被唤醒后，职业生涯规划可督促大学生根据自己的条件制订实现梦想的行动计划，始终保持清醒的头脑和积极向上的风貌，学会规划、敢于行动，为理想信念打下坚实的基础。第三，职业生涯规划能够帮助大学生激发潜能，培育个人实力。职业生涯规划需要在持续的学习、行动、调整、反馈、优化中不断帮助大学生更好地掌握专业技能，培育优秀的道德品质、大胆的创新精神、良好的沟通和团队协作能力等，形成满足职业发展需要的核心竞争力。总之，通过职业生涯规划能够帮助大学生逐步成为有崇高的职业理想、正确的职业价值观、合理的职业规划、良好的职业素养的社会主义合格建设者和可靠接班人。

案例：昊澜成功的职业生涯规划

2016年6月，昊澜研究生毕业于一所并不知名的师范高校，她是一个典型的"90后"女孩，没有名校头衔，却在毕业季的时候超越了"985""211"高校毕业生，成功进入湖南长沙师范学院担任学前教育专业的专职教师，身边人

大学生职业生涯规划与创业就业指导

都叹为观止。因为她不是学生干部，也没有入党、评优等光鲜"资本"，怎么就被湖南长沙师范学院录取了呢？到底是什么让她脱颖而出的呢？面对这些质疑，吴澜微笑着说，是职业规划让我目标明确，是努力提升自身素质让我梦想成真。研一的时候，通过职业生涯规划课程的探索，吴澜就立志做一名高校教师。吴澜在了解到做高校教师所需要具备的扎实的专业素质和良好的职业素养后，为了缩小自己和一名高校教师的差距，她为自己量身打造了职业梦想三步走计划。

第一步：学习专业知识，提升自身专业素养。为了具备一名高校教师的专业基础，在研一期间，吴澜就努力学习了学前教育专业相关的知识，同时利用课余时间研读国外文献，在遇到不懂的句子的时候，她就会很耐心地查阅资料，直到把整篇文章的大致意思搞清楚为止。同时在平时学习中，凡是不懂的问题，她都会虚心求教相关专业的学长和学姐，实在弄不懂的时候，就会虚心请教导师。由于她的虚心好学和刻苦钻研，在整个研究生三年的学习生涯中共发表了19篇论文，其中有3篇是在中文核心期刊上发表的，并于2015年12月荣获了研究生国家奖学金，成了同学心目中的榜样。

第二步：通过实习、实践提升职业素养。做好一名高校教师不仅需要具备专业的知识与技能，同时也需要具备一定的教学能力。因此在研究生三年的学习生涯中，吴澜不仅刻苦钻研自己的专业，同时还利用空闲时间在本校兼职代课，三年下来，不仅培养了自己扎实的科研能力，同时具备了较好的教学技能。

第三步：提升英语水平，获得教师资格证书。为了能够更好地阅读和学习学前教育专业的英文文献，吴澜每天都会利用一些时间来学习英语，在研究生期间顺利通过了英语六级，并顺利地申请了自己本专业的教师资格证书。三年中的每个台阶，她都稳扎稳打；人生中的每次历练，她都步步为营。就这样，吴澜一步一个脚印地把自己打造成了一名专业的高校教师。

用人单位在陈述招聘吴澜的理由时说，虽然她不是博士生，也不是"985""211"高校毕业生，但她具有过硬的专业素质；虽然她不是学生干部、党员，但她所彰显出的沟通与表达能力、道德品质与责任意识仿佛都在向我们展示她就是一名专业的教师，她就属于这里。可见，吴澜的应聘成功不是偶然而是必然的，是清晰的职业目标和持之以恒地朝目标行动让她梦想成真，她的这份高校教师工作不是找来的，而是规划出来的。

吴澜之所以没有像一些同学那样盲目前行，而是把重心放在学英语、练沟通、提升专业素质和专业技能上，是因为她有明确的职业目标和清晰的职业规划。因此，在初入大学甚至考研之后就开始进行职业规划，明确人生目标，就会事半功倍，少走弯路。职业规划的关键是在了解自我和职业的基础上做出生涯决策并开始行动。不断探索自己的兴趣、能力、价值观是做出适合自身生涯决策的根本所在。

（二）职业生涯规划的内容

规划是一个过程，其功能在于为职业选择设定一个目标，并通过一系列方法，制定出达成目标所需要采取的步骤。目标的设定是职业生涯规划的开端，也是职业生涯规划的核心，在职业生涯规划中所需要开展的各种测评、评估、探索都是为了最终实现目标而进行，目标是希望、方向和未来。在职业生涯规划的过程中，职业目标的设定是一个探索的过程，个体在发展历程中不是始终都有明确的目标的，职业目标探索能够帮助从业者在职业发展过程中不断澄清自己的职业价值观，明确生命的价值和意义，并树立起坚定的信念去实现它。

大学生处在人生的探索阶段，这一阶段他们对客观世界有一定的认知，但大多数又不具备成熟的思考和分析问题的能力，导致在追求理想的工作目标和人生目标时充满疑惑与彷徨。还有的大学生对未来有憧憬，但又感觉过于美好，不可能实现，而不敢设定理想目标。阻碍大学生展开想象、迈出步伐的主要原因有内在障碍和外在障碍。内在障碍通常是由于个体对自身了解不足、评价过低造成的，表现为对未知事物的恐惧、对陌生任务的不自信、缺少行动力和自觉性、处事态度消极和知识技能储备不足等。例如，有的大学生不太了解自身的优缺点，对于自己所感兴趣的、擅长的工作或生活没有明确的概念。反映在求职过程中，就是很多大学生都面临的一个问题，就是不知道自己能做什么、能不能做好，或者总觉得自己不能完成岗位的职责，没有工作的积极性和自觉性，缺乏从业的信心，进而造成不愿参与求职或者求职表现不佳，很多人选择本科毕业后继续读研，并不是出于对科研工作的兴趣和自身发展需要，而是通过这种方式回避就业问题。破除内在障碍，需要大学生正确审视自己的各方面情况，综合考虑优势与弱势，全面地了解和接纳自己，不要用"完美主义"去评价自身价值，找到自己的闪光点，树立求职自信心，避免自身低评价对求职的影响。

外在障碍来源于个体所处的外在环境，通常与政治局面、政策导向、行业发展、就业市场变化、身体素质等相关。个体在没有明确的职业生涯发展目标的情况下，更容易受到外界因素的影响，使生涯的发展方向发生随机变化。例如，学习同一专业的两名毕业生，在家庭背景、社会关系、学业成绩等个体因素都没有明显差异的情况下，受社会经济发展和就业竞争日益激烈的影响下，求职的结果都不是非常理想，但在职业发展的过程中，有明确职业生涯发展目标的大学生，表现出来的状态是：积极面对工作不理想的现实，有计划地培养未来发展所需要的技能、积累职业资源，把每天的工作业绩视为实现最终理想和目标的积累；而没有职业生涯发展目标的学生，表现出来的状态通常是：抱怨自己生不逢时，社会就业竞争压力大，社会经济发展衰退，没有理想的就业单位抛来橄榄枝，自己在大学期间所学的专业和锻炼的能力在社会上根本没有用武之地，因为没有明确的目标，这样的大学生很难改变自身，去适应社会发展的需要，应对面临的困境。不同的大学生因为对职业生涯发展的认知不同，产生了巨大的职业发展差异，一个积极进取、克难求进；一个意志消沉、怨天尤人、随波逐流。人生发展的轨迹就此产生了巨大的偏离。

（三）职业生涯规划的任务

职业生涯规划根据个体自身情况的综合评估，设计规划个体的短期目标和长期目标，并具体到个体职业发展的步骤，其主要有以下四项任务。

1. 确定职业生涯发展的方向和目标

个体应通过多种形式和手段了解自己的兴趣、爱好、能力及性格特征等，并综合评判自身当前所面临的内外环境和职业资源，从而确定自己的具体职业生涯发展目标。

2. 确定实现职业生涯发展的方略

围绕确定的职业生涯方向和目标，制定实现目标的相应方略。方略大致可分为以下三类。

①一步到位型，指在现实条件下，利用已有资源立即实现。如想成为公职人员，可通过公务员选拔考试一步到位。

②多步趋近型，指积累与目标相关的职业经验，积少成多逐步趋近，从而实现自己的最初目标。例如，创业，因资金等种种现实原因无法立即实现，可以通过积累相关行业经验与资源实现创业成功。

③先就业后择业型，指当前理想目标无法实现，可以先选择一个就业岗位，等待机会，再去实现自己最初的梦想。例如，想去世界500强企业发展，目前自身条件并不具备，可先选择相关行业就业，等待机会再择业。

3. 确定职业生涯发展的具体路径

个体要想实现自己的职业生涯发展目标，必须确定切实可行的职业生涯发展路径。确定职业生涯发展路径时，要全面考虑每种发展可能的路径，包括目标、面对的困难、所需要的帮助、外界的评价以及可能面临的收益与风险。

4. 细化职业生涯发展的具体行动计划

确定了职业生涯发展的具体路径之后，需要细化并落实具体的行动计划。具体行动计划的细化需要考虑其易操作性，要有具体的时间流程表，同时需要考虑计划的可调整空间，并保证职业生涯规划结果的有效性。

六、职业生涯规划教育

（一）职业生涯规划教育工作的缘起

目前多数高校将主要就业指导放在毕业生求职技巧指导与培训上，对非毕业班学生的职业生涯引导很少，甚至空缺。非毕业班学生也想当然地默认职业生涯规划就是找工作的计划，与自己关系不大，还很遥远，通常都是等到大四毕业找工作时再考虑。学校和学生均未充分意识到职业生涯早规划的重要性，从而错失职业生涯规划提早准备的良机，学生的就业质量与职业生涯满意度也受到较大影响。因此，将单调直接的就业指导转变为全程立体的职业生涯规划教育将是大势所趋，高校应积极开展精准就业服务工作的研究与实践，从而不断提升大学生的就业匹配度和满意度。

（二）职业生涯规划教育工作的目标与任务

职业生涯规划教育的工作目标是要构建全程立体的职业生涯规划教育体系，灵活运用多种形式的教学方式，充分利用资源，帮助学生做好职业生涯规划，提高其就业胜任力，从而保障高质量就业与就业满意度。职业生涯规划教育的具体任务如下。

1. 激发大学生职业生涯规划意识

通过系统的职业生涯规划教育，能够帮助大学生个体探索内外部世界，树立职业生涯规划意识，不断明确自身的发展方向，在学习生活中提高主观能动性，形成良好的价值观和学习生活状态。

2. 提升大学生职业生涯规划行动力

多渠道地为大学生提供实践平台和实践机会，拓展大学生综合能力的训练，帮助他们提升职场胜任力，让大学生不断积累自己的有效综合能力。

3. 指导与帮扶大学生的职业生涯规划

通过各种培训、模拟面试、团辅、咨询等形式提升大学生求职胜任力，解决大学生就业中遇到的困难，帮助就业困难的弱势群体，力促匹配就业。

（三）职业生涯规划教育的工作内容

职业生涯规划教育工作体系需要从纵向和横向两个维度，对大学生个体开展指导与服务工作。纵向即大学生职业生涯规划启蒙期、积累期、行动期和反馈期四个发展时期；横向即面向大学生毕业分流去向、职业方向、发展类型和特殊群体四个分类维度。

1. 纵向方面

全程立体的职业生涯规划教育应覆盖不同年级、不同类型、不同需求的大学生，引导大学生树立职业生涯规划的意识，开启大学生个体对自身兴趣爱好、性格、能力等的探索，促进大学生职业素养的养成，指导大学生就业行动，顺利通过面试，合适就业。

依据比勒、舒伯的基本理论成果，结合高校职业生涯规划教育工作现状，可将大学生职业生涯发展的过程分为生涯规划期、生涯积累期、决策行动期和生涯反馈期四个阶段，再结合高校人才培养方向，以及具体各阶段的培养目标，开展工作。

①生涯规划期（一般为大一、研一），是熟悉并了解自己所学专业与学科，不断明确个人发展方向的重要时期。

②生涯积累期（一般为大二、研一、研二），是大学生有意识地为自己的发展进行技能积累的过程，也是大学生快速成长成熟的重要积累时期。

③决策行动期（一般为大三、大四、研二、研三），是大学生经过个人探索与积累后结合职业市场实际进行职业选择与求职，开启职业生涯的时期。

④生涯反馈期（一般为大四下、研三下、毕业后），是通过对即将离校大学生、已毕业大学生、用人单位、市场等多维度的跟踪、调研和反馈，总结相关规律和意见建议，从而为高校的人才培养和就业服务工作提供参考与指导，实现良性循环的时期。

2. 横向方面

面对大学生多样化的成长需求与发展路径，分类开展多层次的职业生涯指导与服务，能更好地助力大学生就业。

（1）分类指导原则

不同专业、不同性格、不同就业意向等，使得大学生之间的职业生涯规划差异较大，因此应针对不同类别的大学生开展不同的指导服务。开展分类指导应坚持如下原则：①仅限指导内容的差异；②保持中立态度，不评判；③避免多人一案。

（2）分类指导内容

从就业的分流去向看，提供与学科专业、行业、单位、岗位类型相关的介绍与解读，提供重点行业信息数据库，鼓励和帮助大学生提前关注职位要求。针对行业的信息与形势分析、针对岗位的信息与技能分析、针对不同性质就业单位的工作环境探索，都有助于不同就业方向的大学生更精准地进行能力提升和职业探索。从大学生发展类型角度看，领导管理型、学术科研型、全面发展型大学生在职业目标内容和职业技能方面有着很大的不同。高校应帮助不同发展类型的大学生探索自我，不断确立适合其发展的方向，利用学校的平台和资源，帮助大学生提升职业胜任力。对于就业困难、生理残障、心理困惑等特殊群体的大学生，学校应主动关心其学习和成长中存在的困难，提供对应的指导服务和相关资源，并持续跟踪关注。

第二节　大学生职业生涯规划设计的程序步骤

职业生涯规划设计就是指个人和组织相结合，在对一个人职业生涯的主客观条件进行测定、分析、总结研究的基础上，确定其最佳的职业奋斗目标，并为实现这一目标做出行之有效的安排。其目的绝不只是协助个人按照自己的资力条件找一份工作，达到和实现个人目标，更重要的是帮助个人真正了解自己，为自己定下事业大计，筹划未来，拟定一生的方向，进一步详细估量内外环境的优势和限制，在"衡外情，量己力"的情形下设计出合理且可行的职业生涯发展方向。职业生涯规划设计的程序步骤可以分为觉知与承诺、自我评估、环境评估、职业世界探索、决策、行动和评估反馈与调整七个阶段。

一、觉知与承诺

成功的职业生涯规划始于大学生对其必要性的觉醒。大学生首先要意识到职业生涯规划对自己的意义，并发自内心地想为自己赢得理想人生而主动付出努力。愿意花时间来规划自己的职业生涯。同时，也要提醒自己，生涯规划是一个过程，不可能立竿见影。在此基础上，对自己做出一个承诺——对自己制定的职业生涯规划要负责到底。

二、自我评估

自我评估的目的是认识自己、了解自己。因为只有认识了自己，才能对自己的职业做出正确的选择，才能选定适合自己发展的职业生涯路线，才能对自己的职业生涯目标做出最佳抉择。自我评估包括对自己的兴趣、特长、性格、学识、技能、智商、情商、思维方式、道德水准以及社会中的自我等进行评估分析。

自我实现的前提是知道"我是谁"。要回答这个问题，其实并不简单。很多初入大学的新生面对这个问题，都会感到困惑。在职业生涯规划中，自我探索主要从兴趣、性格、能力和价值观四个维度展开，即做什么能给自己带来快乐，自己的性格适合做什么，目前的知识、技术、能力决定自己能做什么以及什么职业让自己觉得有意义等。在职业生涯规划中可以采用量化方法进行自我探索，如霍兰德职业兴趣测评量表以及MBTI性格测试量表等一系列心理学领域的测量工具。通过多维度的自我探索，得出几个适合自己的职业群，再进行职业群的同类合并，得出的交集就是与自己比较匹配的最佳职业库。

三、环境评估

环境评估主要是评估各种环境因素对自己职业生涯发展的影响。每一个人都处在一定的环境之中，离开这一环境便无法生存与成长。所以，在制定个人的职业生涯规划时，要分析环境条件的特点、环境的发展变化情况、自己在环境中的地位、环境对自己提出的要求以及环境对自己有利的条件和不利因素等。只有对这些环境因素有了充分的了解，才能做到在复杂的环境中趋利避害，使自己的职业生涯设计具有实际意义。环境评估主要包括以下两方面。

（一）社会环境评估

对社会环境因素的评估主要包括以下几个方面。
①社会政策。主要是人事政策和劳动政策。
②社会变迁。如知识经济和信息化社会的发展，就会对人的职业生涯发展产生较大的影响。

③社会价值观。价值观会随着社会的不断发展和进步而发生不同程度的变化，从而会影响社会对人的认识和对职业的要求。

④科学技术的发展。科学技术的发展会带来理论的更新、观念的转变、思维的变革、技能的补充等，而这些都是职业生涯规划中不可或缺的要素。

（二）行业环境评估

行业环境评估包括对目前所从事行业和将来想从事的目标行业的分析。

四、职业世界探索

在自我探索的基础上所形成的职业库，还不能直接作为目标职业方向。因为这完全是由个人主观探索出来的结果。在现实中，我们能否从事某一项职业，还受到外部客观环境条件的制约。职业世界探索包括对职业世界宏观发展趋势的把握，了解职业的分类和内容、准入门槛、福利待遇等，熟知就业创业相关政策、所学专业与职业的关联性等。大学生可以通过网络搜索职业分类、收集招聘信息和就业政策，也可以采用生涯人物访谈、实习实训、社会实践等直接或间接方式完成职业世界探索的任务，形成预期的职业库。

五、决策

决策即做决定和对策。在现实生活中，我们每时每刻都在做大大小小的选择。受个人特质、经验、客观条件等因素的影响，每个人的选择模式各不相同。为了在个人的职业群中最大限度地做出科学、理性的职业选择，大学生可以运用职业生涯规划理论中比较科学的决策模型来帮助自己做出选择。当然，单纯的选择不等同于决策。大学生还需要在决定好目标职业的基础上，制定出实现职业目标的对策，如时间表和实施步骤等。

六、行动

职业目标选择和实施对策制定之后，最重要的是采取行动、付诸实践。对大一新生而言，就是解决该如何做才能适应大学专业课学习，提升思考分析能力、组织管理能力、人际交往能力等问题；对大学高年级学生而言，解决"怎样做才能成功就业"的问题，包括努力提升就业能力、训练求职能力，参加专业实践等。

七、评估反馈与调整

当行动过程中遇到瓶颈，发现实际情况与规划偏离时，就需要对原有的规划进行检验，包括对入职匹配的准确度、能力条件、社会支持条件、工作满意度、职业成就感、岗位要求、职位晋升可能等进行再评估。结果是可能会继续原有的规划前进，也可能会发现原有规划存在不合理或不适合自己的情况。这就需要对当前的自己和职业世界进行再探索，在原有规划基础上适时进行再调整。由此可知，系统的职业生涯规划是一个不断循环的过程，没有一劳永逸的职业生涯规划。

第三节 大学生职业生涯规划的目标设立

一、制定目标的SMART原则

在制定职业目标时，应按照SMART原则，建立科学有效的职业发展目标。SMART由Specific、Measurable、Achievable but challenging、Rewarding、Time-limited的第一个字母组成。

（一）Specific：具体的、明确的，不使用含糊笼统的语言

合理表述：某人一天只能花不超过1 h的时间来看电视；某人每周要花两个小时的时间来上网查找有关服装设计师这一职业的资料。

不合理表述：某人的目标是更好地利用时间。

（二）Measurable：可量化的，能够明确评估、衡量成功或者失败

合理表述：在这个月内，李老师要参加一个学生社团（网球协会），并访谈两位网球教练。

不合理表述：加强社会实践。

（三）Achievable but challenging：可实现性，具有一定的挑战性

换句话说，以自己的能力和性格特点，实现某个目标是可能的，但是又有一定难度的。例如，某人目前只是一个大四学生且没有什么工作经验，有以下两种表述。

合理表述：计划在两年内掌握应任职位的所有技能，并努力使自己的成绩出彩。

不合理表述：计划在两年之内成为大公司的中层经理（不可行）；计划十年之内做到中层经理的位置（缺乏挑战性）。

（四）Rewarding：目标有意义，并有奖惩措施

即实现这个目标能带给人成就感、愉快感；反之，则会有所损失。例如，如果某人没有按计划在一个月内完成对两位工程师的访谈，那么他就不能在"十一"外出旅游，而要利用七天的假期完成访谈的任务。

（五）Time-limited：有明确的时间限制

要有计划、分步骤地在限定的时间内完成目标任务。

合理表述：在大三这一年考取教师资格证；在一个月内复习完3个单元知识点；在一周内完成2篇随笔。

不合理表述：在大学毕业前要考取教师资格证、英语六级等。

二、制订切实可行的行动计划

（一）目标分解

当确定一个总目标后，需要对总目标进行分解，进而对自己的职业生涯规划进行管理。当把长期目标分解为一个个子目标时，就形成了具体的行动计划和步骤。

鱼骨分解图如图2-1所示，鱼骨分解法及其步骤如下。

步骤一：在"鱼头"位置写明要实现的目标（所确定的目标应符合SMART原则）。

步骤二：在"鱼尾"位置写上对现状评估的分值。即如果完全实现目标是100分，那么目前应该评多少分，分值写在"鱼尾"位置。

步骤三：分解目标，将总目标按照任务内容划分为几个子目标模块，并写在"鱼身"的框体内。

步骤四：在"鱼骨"位置，写上继续细化实现目标的行动。

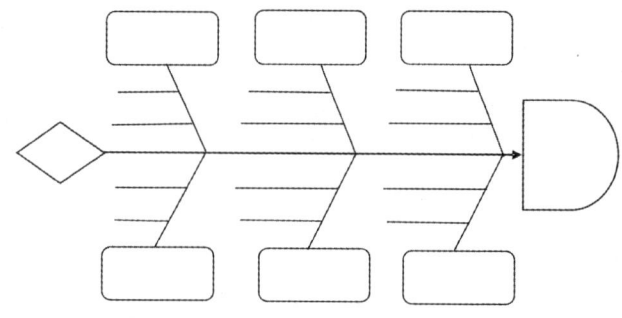

图2-1　鱼骨分解图

陈想目前是某大学体育教育专业二年级学生，大二阶段已经明确了自己的就业目标是考入福建师范大学体育教育专业研究生，采用鱼骨分解法对其考研目标进行分解，如图2-2所示。

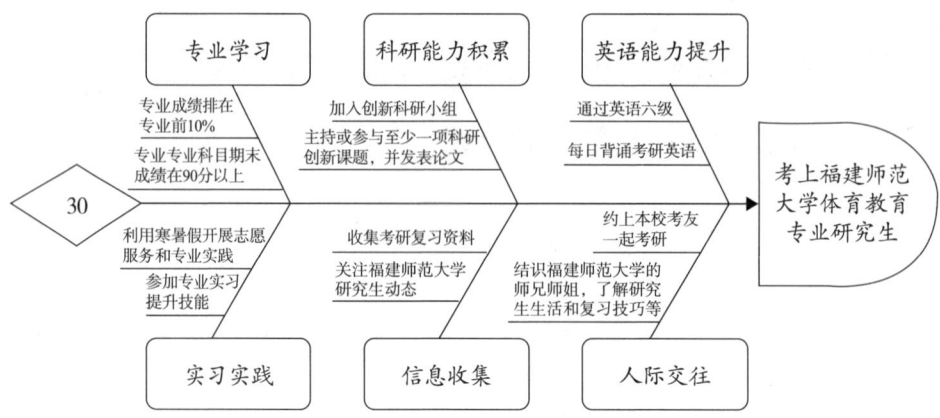

图2-2　考研目标鱼骨分解图

（二）阶段性目标

按照职业生涯规划步骤，可以将大学期间职业生涯规划目标任务按年级做如下划分。

1. 大一年级：从知己到知彼

从职业生涯规划的角度看，大一年级的目标任务是自我探索和对所学专业进行初步了解。

①自我探索认知：通过职业倾向测试、参加校园文体活动、担任学生干部工作、社会实践等多种方式，了解并发展自己的兴趣、性格、能力，发现自

己的优势和劣势。同时，培养自己独立的人格。

②适应环境、体验大学：在大学一年级上学期利用新生入学教育，完成从高中生到大学生的角色转变。对专业学习、人际交往、素质拓展、金融理财、休闲管理、职业发展与职场规则进行系统探索。

③专业基础知识学习：刻苦学习，尽己所能争取好成绩，至少保证不挂科，以便大四年级顺利获得毕业证书和学位证书。

④本专业职业发展情况与社会职位需求：了解职业生涯规划的必要性，实现生涯唤醒；收集、阅读不同行业和职业的信息，特别是与所学专业有关的行业和职业的基本信息，如该行业是否具有发展前景，各种职业所要求的技能、资格条件等。

⑤对规划进行总结、评估、修正。

2. 大二年级：从知己知彼到初步形成决策方向

大二年级的目标任务主要包括了解职业、储备知识、初步明确职业生涯发展的方向与目标。

①了解自己所学专业对应的职业发展状况。

②继续探索自我：明确自己的职业发展目标。利用各种方式、手段了解自己的兴趣、性格和特长，从而根据自身的特点、外界的情况和自己所学的专业情况来明确自己的职业发展目标。

③多了解与职业方向相关的信息。积极参加校内外实践活动，提高能力，并向师兄师姐虚心请教，多了解与自己的职业方向相关的信息，请他们给自己的职业生涯发展规划提出宝贵意见。

④整理与评估自己的职业选项，初步明确就业、考研、留学或创业等职业发展目标。

⑤制订行动计划。根据自己的职业发展目标，进行目标分解，确定自己的行动计划，形成自己的职业生涯规划。

⑥对规划进行阶段性总结、评估、修正。

3. 大三年级：做出决策，付诸行动，提升能力

大三年级在确定了就业目标的基础上，要根据行动计划，有目的地提升自己的职业素养。

①加强专业学习的同时，考取与目标职业相关的资格证书。

②根据自己的发展规划，完成目标职业所需要的相关准备，如出国学习需获得语言能力证明等。

③通过校外实践、社会兼职或专业实习，积累对应聘有利的职业实践经验、职业意识和职业素养；明确自己的能力与目标职位要求之间的差距，发现自己的理想职业与社会可提供的职位之间的差距。可通过参加培训、加强学习、优化实践等方式，缩小差距。

④扩大校内外交际圈，加强与校友、职场人士的交往。

⑤了解自己所选职业的发展方向。对所做规划再次进行有针对性的评估、反馈与调整。这包括在实践锻炼后，对自己的兴趣、能力、价值观的再次评估，了解自己的潜能，判断自己的目标选择是否合理，明确需要通过哪些职业联系群体、信息获取渠道、又应具备怎样的知识结构和学历层次才能达到目标，从而尽可能地清晰优化自己的行动计划。

4. 大四年级：落实具体的行动计划

大四是就业前的准备阶段，也是职业生涯步入建立期的开始阶段。大学生要完成从学校学生到行业职业人的角色转变，应通过校园招聘会、人才市场和网络招聘等渠道确定自己的就业岗位，成功实现就业。其间所要做的准备工作如下。

①阅读求职方面的书籍，或通过就业指导课程，提前准备好求职的个人简历、成绩单等，撰写求职信了解面试求职技巧和职场礼仪。

②了解与就业相关的劳动法规和政策，以便求职面试时有所准备。

③在求职中保持良好的心态，不管怎样，坚信自己一定能找到适合自己的好工作。

④登录招聘单位网站或通过咨询、访谈等方式，了解招聘单位的相关信息，为面试做好准备。

⑤通过自己的各种可利用的联系渠道寻找工作机会，并争取被推荐。

⑥阅读提供就业职位的目录，参加各种校园招聘会或参加用人单位的介绍活动。

⑦与校友联系，了解他们在工作第一年面对的困惑、挑战和感受体会，从而帮助自己在可能遇到的多个职业选项中做出最终的职业选择。

总之，大学生职业生涯规划的制定一定要考虑目标的可行性和阶段性。如果所设定的目标不符合现实或者目标太大、太泛，就会使规范沦为一纸空文。

第四节 大学生职业生涯规划的实施

一、确定职业生涯发展路线

（一）职业生涯发展路线的含义

所谓职业生涯发展路线，是指向专业技术方向发展，还是向行政管理方向发展。不同的发展路线对从业者的素质要求不同，今后的发展阶梯也不同。发展方向不同，要求则也不同。这就如登山，若要达到山顶，就要选择最佳的登山路线与方式。人们常说条条大路通罗马，讲的就是途径多、选择多、办法多的道理。可是那么多途径到底哪条是到罗马最近、最好走的路呢？这就是实现目标中的路线选择问题，选择了捷径，就易于进入职业发展的快车道，否则就会耽搁在路上。如果没有一个明确的职业发展路线，就会走错路、走弯路、走回头路，这将直接影响大学生的心情和成就，导致他们的努力、动力、能力不能直接作用于目标，导致资源、时间、精力的浪费，在无形中延长大学生取得成功的期限。因此，在职业确定之后，必须对职业生涯发展路线进行选择，以使今后的学习和工作沿着职业生涯发展路线和预定的方向发展。在职业生涯发展路线选择的过程中，可以针对这三个问题询问自己：①想往哪一条路线发展？②适合往哪一条路线发展？③可以往哪一条路线发展？

职业生涯发展路线包括一个个发展阶梯，可以由低阶至高阶步步上升。例如，大学教师的职业生涯发展路线通常是：助教—讲师—副教授—教授，而在企业中，财务人员的职业生涯发展路线可以是会计员—主管会计师—财务部经理—公司财务总监。每个人的基础素质不同，适合的职业生涯发展路线也就不一样，有的人适合搞研究，能够在专攻领域求得突破；有的人适合做管理，可以成为一名优秀的管理人员。

（二）职业生涯发展路线的途径

职业生涯发展路线的途径主要有三种，即专业技术型发展途径、行政管理型发展途径和自我创业途径。

1. 专业技术型发展途径

专业技术型发展途径指工程、财会、销售、生产、法律等职能性专业方向。它们的共同特点是：都要求有一定的专门技术性知识与能力，并需要有较好的分析能力，这些技能必须经过长期的培训与锻炼才能具备。如果一个人对专业技术内容及其活动本身感兴趣，并追求这方面的提高和成就，喜欢独立思考，而不喜欢从事管理活动，那么专业技术型发展途径便是他最好的选择。相应的发展阶梯是技术职称的晋升及技术性成就的认可，奖励等级的提高及物质待遇的改善。如果一个人在开始时选择了专业技术方向，但仍然对管理有兴趣，并且希望在管理领域做出一番事业，也完全可以跨越发展。即一开始从事某种技术性专业，不断积累充实自己的专业知识，打下了坚实的技术基础；然后，在适当的时候，转向专业技术部门的管理职位。事实上，现代社会中的很多单位都有这样的客观要求。

2. 行政管理型发展途径

如果一个人很喜欢与人打交道，处理起人际关系问题得心应手，并且由衷地热爱管理，考虑问题比较理智，善于从宏观角度考虑问题，善于影响、控制他人，喜欢追求权力，那么行政管理型发展途径就是他最恰当的选择。把管理这个职业本身视为自己的目标，相应的发展阶梯一般是从基层职能部门开始的，然后向中级部门、高级部门逐步提升，管理的权限越来越大，承担的责任也越来越大。此途径的前提条件是个人的才能与业绩不断地积累提高，达到相应层次职位的要求。行政管理型发展途径对个人素质、人际关系技巧的要求很高。那些既有思维能力又善于处理人际关系的人，总能够成为任职部门的主管干部，甚至做到组织分管技术工作的副总经理、总监、副院长、副厂长等高层职位；而那些虽然善于处理人际关系，但却欠缺思维分析力以及感情耐受力较差的人，就只能停留在低层领导岗位上，可见不断地学习使自我提高是多么重要。

3. 自我创业途径

现在，有很多人选择了自我创业的途径。创业自有快乐，但创业途中的艰难也不是常人能够想象的。客观上，要有良好的机会和适宜的土壤，主观上创业人不仅要有强烈的创造与成就愿望，而且心理素质也要高，能够承担风险，善于发现开拓新领域、新产品、新思维。

二、选择职业生涯规划方法

大学生职业生涯规划是一项技术性很强的工作，具有科学性，需要一定的方法指导，在传统上可以采用定性的分析方法，如归零思考法、SWOT分析法。随着计算机的使用，现在高校越来越多地借用计算机辅助测试系统进行量化分析，来指导大学生职业生涯规划。下面简单介绍几种规划方法。

（一）归零思考法

归零思考法，即通过五个问题来思考自己的职业生涯规划与设计，由于每个问题的前面都有一个英文字母W，也叫"5W"法。

①Who are you? 你是谁？
②What you want? 你想做什么？
③What can you do? 你能做什么？
④What can support you? 环境支持或允许你做什么？
⑤What you can be in the end? 你的职业规划是什么？

对于第一个问题"你是谁？"，回答的要点是：面对自己，真实地写出每一个想到的答案；写完了再想想有没有遗漏，认为确实没有了，按重要性进行排序。

对于第二个问题"你想做什么？"，可追溯到孩童时代，从人生初次萌生第一个想做什么的念头开始，回忆自己真心向往过想做的事，并一一记录下来；写完后再想想有无遗漏，确实没有了，按重要性进行排序。

对于第三个问题"你能做什么？"，则要求把确实证明了的能力和自认为还可以开发出来的潜能都一一列出来，认为没有遗漏了，就进行认真的排序。

对于第四个问题"环境支持或允许你做什么？"，回答时则要稍做分析：环境，有本单位、本市、本省、本国和其他国家，从小环境到大环境，只要认为自己有可能借助的环境，都应在考虑范围之内。在这些环境中，认真想想自己可能获得什么支持和允许，确定下来以后，再以重要性排列。

如果能够成功回答第五个问题"你的职业规划是什么？"，就有最终答案了。做法是：把5个问题的答案都写在纸上，把前四张纸和第五张纸一字排开，然后认真比较第一至第四张纸上的答案，将内容相同或相近的答案用一条横线连起来，会得到几条连线，而不与其他连线相交的又处于最上面的线，就是职业生涯的方向，在此方向上以三年为单位，提出近期、中期与远期目标，再在近期的目标中提出今年的目标，将今年的目标分解为每季度目标、每月目标、每周目标、每天目标。

（二）SWOT分析法

所谓SWOT分析，即基于内外部竞争环境和竞争条件下的态势分析，就是将与研究对象密切相关的各种主要内部优势、劣势和外部的机会和威胁等，通过调查列举出来，并依照矩阵形式排列，然后用系统分析的思想，把各种因素相互匹配起来加以分析，从中得出一系列结论，而结论通常带有一定的决策性。运用这种方法，可以对研究对象所处的情景进行全面、系统、准确的研究，再根据研究结果制定相应的发展战略、计划以及对策等。

SWOT是四个英文单词strength（优势）、weakness（劣势）、opportunity（机会）和threat（威胁）的缩写。其中，前两者是内部因素，后两者是外部因素。

优势：学了什么，做过什么，最成功的是什么，忍耐力如何。

劣势：性格弱点，经验或经历中欠缺什么，最失败的是什么。

机会：就业形式、各种职业发展空间、社会最急需的职业。

威胁：专业过时、同学竞争、薪酬过低。

案例：杨丹的SWOT分析与职业决策

杨丹是广州某著名大学独立学院国际贸易专业的学生，业余时间兼修了电子商务专业课程，并于2010年本科毕业。她在毕业前利用SWOT分析工具，为自己做了职业规划并最终找到了一份在职业中学当网管的工作。

1. S（优势）

①爱好方面：喜欢能让自己静下心来的工作环境，能自己控制和安排工作，喜欢跟人打交道的工作。

②喜欢思考问题，有一定的分析能力，有寻根究底的兴趣，一定会把事情弄清楚；有浓厚的学习兴趣，如英语学得不错；逻辑性和条理性较好，书面表达能力较强。

③做事认真、踏实，生活态度积极，善于发现事物和周围环境积极的一面；有责任心、爱心，并且喜欢工作；心思细腻，考虑问题比较细致、周到。

④待人真诚，放得开，乐于与人沟通和交往，善于开导别人；当过班干部，组织过集体活动，有一定的组织管理经验和能力。

⑤在学校时交了不少朋友，构建了良好的人际关系。

2. W（劣势）

①不喜欢机械性重复的工作，也不喜欢没有计划且没有收获的忙乱，不喜欢应酬和刻意的事情。

②工作、学习有些保守，学习速度较慢；口头表达有时过于细节化，不够简洁；创新能力有待提高。

③竞争意识不强，冒险精神不够，对环境资源的利用不够主动，也就是快速适应环境的能力不够；做事不够果断，尤其做决定的时候容易犹豫不决；做事有时拖拉，不够雷厉风行。

④父母在一座小城市，一般工人家庭，无法在资金、人脉上帮助自己。

3. O（机会）

①就专业方面来说，我国的国际化程度越来越高，外语的使用越来越广泛，就业机会较多。现在是一个计算机信息的时代，国际、国内贸易更多地使用电子商务进行交易，就业机会较多。

②在广州有很好的商务机会，且广州是国内出口企业较多的城市。

③学校提供了一些很好的学以致用的机会，可以积累一定的实践经验，同时有很多的机会与各行业人士接触、交流、学习，提高自身素质。

④考虑能很好地发挥自己与人沟通能力的职业，如教育行业，既能体现自己的优势，又能与个人专业结合。

⑤扩招使各类学校都要求素质良好的师资。

⑥教师是一个永远需要的岗位，待遇水平不错，受人尊重。

4. T（威胁）

①如今的就业形势严峻导致大批没有工作经验的学生就业比较困难。

②外贸与电子商务专业都是重视实操的专业，自己的实践经验太少。

③尽管中国的网民人数已经超过美国，网上交易额也在不断增长，但与专业相关的职业如外贸行业、电子商务行业，市场化程度较高，对竞争能力有较高的要求，而这正是自己的劣势。

④自己没有教育行业的任职资格；学历水平相对于担任教师来说也不足。

⑤竞争激烈。

如果要从事教师职业，杨丹认识到自己的学历还需要再提高，有必要继续深造。但考虑到个人及家庭条件，还是先工作两年积累些经验，然后再深造学习比较好。因此，她把未来3~5年的职业目标设定为：①进入教育行业；②考上华南师范大学的教育专业研究生；③毕业后成为教师；④在经济上，财务独立。

三、逐步进入专业学习角色

当今时代知识更新的速度是惊人的，面对如此浩瀚、广博并且在不断裂变、衍生的知识，以及各种各样与日俱增的信息，仅靠学习的勤奋是不够的，还应学会学习，善于学习那些有利于提高人的全面素质的知识，学习那些有利于提高解决实际问题的能力。提高自身的学习能力对于大学生来说是首要的能力。大学生的学习，在学习内容、方法和要求上，相比中学的学习发生了很大的变化。要想真正学到知识和本领，除了继续发扬勤奋刻苦的学习精神外，还要适应大学的教学规律，掌握大学的学习特点，继而选择适合自己的学习方法。

（一）掌握大学学习特点，适应大学学习方式

大学生的学习与中小学相比，发生了很大的变化，有着明显不同的特点。这些特点表现在学习过程的自主性、学习方式的广泛性、学习内容的专业性和学习目的的探索性方面。大多数大学新生能适应大学的学习，但也有相当数量的大学生在学习上表现出程度不同、持续时间不等的学习困难。常见的问题有学习目标缺失、学习动力不足、学习无计划、学习主动性差、学习方法不正确等。大学生应通过明确学习意义、培养学科兴趣、掌握科学的学习方法等，适应大学的学习，从而获得良好的学习效果。

（二）学会学习，奠定自身学习能力的基础

心理学家斯金纳曾说："如果我们将学过的东西忘得一干二净，最后剩下来的东西就是教育的本质了。"所谓"剩下来的东西"，其实就是自学的能力，也就是举一反三或无师自通的能力。大学生虽然已经步入高等教育阶段，但是不一定能说都是会学习的人。美国未来学家阿尔文·托夫勒认为，学会学习，意味着受过教育的人将会知道从哪儿能很快和准确地找到他所不知道的东西。在大学除了要加强专业知识的学习，也要培养学习思考的方法，能够自我独立地学习，只有这样才能适应今后瞬息万变的社会。相对于中学时期追求的"记住"知识，大学生就应当要求自己"理解"知识并多问几个"为什么"。采用多种思路或观察角度，在学习知识或解决问题时，不要总死守一种思维模式，不要让自己成为课本或经验的奴隶。只有这样，才能真正激发潜在的思考能力、创造能力和学习能力。

（三）学会听课，学会使用身边的学习资源

教师备课的时间远远多于讲课的时间，会翻阅大量的资料，收集相关的信息。只要善于捕捉，每一节课都会学有所获。大学生不应该只会跟在教师的身后亦步亦趋，而应当积极主动地走在教师的前面。最好是在教师讲课之前就

琢磨课本中的相关问题，带着问题进课堂，在课堂上对照教师的讲解弥补自己在理解和认识上的不足，学习教师分析问题的逻辑方法，吸收每个教师的不同学术风格，以补充自身的知识、塑造自己的能力结构。大学生应当充分利用学校里的人才资源，从各种渠道吸收知识和学习方法。每个人对问题的理解和认识不尽相同，只有互帮互学，才能共同进步。教师、学长、同学都应该成为自己的学习伙伴，在与大家交流沟通的过程中不断提高自己的能力。同时，要学会充分利用图书馆和互联网上的资源，一定要学会查找书籍和文献，学会借助搜索引擎在网上查找各类信息，以便接触更广泛的知识和研究成果，开阔自己的视野，培养独立学习和研究的本领。

（四）处理好专业学习与考证之间的关系

在大学期间，一定要学好专业基础知识。随着技术的飞速发展，在应用领域很多看似高深的新技术在几年后就会被更新的技术或工具取代，而只有本身具备扎实专业基础知识的学习者才能够持续发展。现今社会用人机构对一些大学生的评价是"眼高手低"，基本的看不起，高端的不会做，其实这些都是个人基本专业素养不够的原因。没有较好的专业基础，在今后接受高端的专业技术时也难以适应，所以应从基础做起，扎扎实实学好每一门课程。在学好专业基础知识的基础上，再根据情况进行高端技术的学习。同时，处理好专业学习与考证之间的关系。由于"双向选择"就业制度以及最近各行业"持证上岗"制度的实行，严峻的就业形势使相当多的大学生充满危机意识。因此，"考证热"现象在我国的高校校园里逐渐蔓延。很多学生简单地将考证等同于大学学习，或将大学学习简化为考证。在许多专业课堂上经常可以看见大学生拿着会计考试的复习资料等，而荒废了专业课程的学习。大学生积极考证是主动学习、主动发展的良好表现，但是一定要明确目的，不要盲目跟风。要认真分析自己的真实学习发展需求，并坚持量力而行的原则，不要影响基本理论、基础知识、专业课程的系统学习和掌握。要打好坚实的基础，在此基础上，实现专业学习与考证共同促进的"双赢"。

（五）培养兴趣，挖掘潜能，促进全面发展

孔子说："知之者不如好之者，好之者不如乐之者。"如果一个人对某个领域充满激情，就有可能在该领域中发挥自己所有的潜能。如何才能找到自己的兴趣呢？这就要客观地评估和寻找自己的兴趣所在：不要把社会、家人或朋友认可和看重的事当作自己的爱好；不要以为有趣的事就是自己的兴趣所在，

而是要亲身体验它并用自己的头脑做出判断。最好的寻找兴趣点的方法是开阔自己的视野，接触众多的领域，而大学正是这样一个可以让大学生接触并尝试众多领域的场所。因此，大学生应当更好地把握在校时间，充分利用学校的资源，通过使用图书馆资源、旁听课程、搜索网络资源、听讲座、参加社团活动，以及参加社会实践等不同方式接触更多的领域、更多的工作类型和更多的专家学者。如果发现了自己真正的兴趣爱好，可以尝试课外学习，选修或旁听相关课程；也可以充分利用假期去参加社会实践，进一步理解感兴趣行业的工作性质；或者努力去考自己感兴趣的专业的研究生，进一步挖掘自身的潜力。

四、在生活实践中锻炼，成才成长

大学生活和中学生活相比，在多个方面有着新的特点，主要是环境的变化与目标的变化。环境的变化主要是校园环境的变化、学习环境的变化和生活环境的变化。其中，校园环境并不局限于校园自然环境，还包括校园的人文环境、人际环境。目标的变化是指中学目标的单一性转变为大学目标的多向性，中学目标的潜在性转变为大学目标的现实性。这两个变化决定了大学生活不同于单一的中学生活。许多一年级大学生，初入新的环境，充满了远离父母和中学好友的失落感，非常需要新的友谊来补偿。这时候，他们比任何时候都需要教师、朋友的理解、支持和帮助。但是初到新的环境，相互不愿敞开心扉。还有的大学生认为自己来自山区农村，孤陋寡闻，因而以自我封闭的方式消极防卫。这种自我封闭与渴望友谊的心理矛盾，使他们失去了心理和谐，处于孤独烦闷之中。这就需要大学生自身不断充实自己，扩大自己的交际圈，提高社会生活所需的各方面能力，如自我管理的能力、为人处世的能力、与人交流的能力等，而这些能力恰恰是步入职场所需的。

（一）学会管理自己，学会管理时间

没有符合自身的职业生涯规划，大学时期是最容易迷失方向的时期。大学生必须有自律自控的能力，学会管理自己，学会管理时间，不要沉迷于对自己无益的习惯中。曾经有大学生感言："大学和高中相比，不同的只是大学里上网的时间和睡觉的时间多了很多，压力也小了很多。"其实，"时间多了很多"正是大学与高中的巨大差别，大学生有更加自主发展、自由飞翔的空间。但前提是，时间多了，就需要大学生自己安排时间、计划时间、管理时间，否则就会在无痕的岁月中消耗自己的青春。想把每件事都做到最好是不切实际

的，大学生应该把"必须做的事"和"尽量做的事"分开，用良好的态度和宽广的胸怀接受那些暂时不能改变的事情，多关注那些能够改变的事情。

（二）学会沟通表达，提升人际交往能力

大学生所有的活动都是在与人交往的过程中进行的，处理好人际关系是大学生每天必须面对的事情。一个人的成功与否不仅取决于个人能力大小，在生活工作中与人相处的能力也变得越来越重要，甚至超过了工作本身。所以，大学生要培养自己的沟通表达能力和人际交往能力。

第一，以诚待人，以责人之心责己，以恕己之心恕人。世界上没有任何一项法令逼着别人对你好或者对你尊重，人与人之间的爱与被爱、尊重与被尊重是相互的，大学生必须学会感恩、学会理解、学会欣赏、学会包容。对别人要抱着诚挚、宽容的胸襟，对自己要怀着自我批评有过必改的态度。与人交往时，自己怎样对待别人，别人也会怎样对待自己，要懂得换位思考。相互包容、相互尊重是人际交往的前提。

第二，广交朋友，培养真挚的友情。在独生子女一代，社会中存在的血缘关系较少，同学关系和工作关系成为重要的关系。在大学一起求学和发展的道路上，能够得到这样的友谊弥足珍贵。交朋友时，不要只跟与自己性情相近或只会附和自己的人做朋友。好朋友有很多种，有乐观的朋友、智慧的朋友、脚踏实地的朋友、幽默风趣的朋友、激励自己上进的朋友、提升自己能力的朋友、对自己说实话的朋友等，自己要在与朋友的接触中不断锻炼为人处世的能力。正所谓三人同行，必有我师。

第三，培养团队精神和沟通能力。随着社会的不断发展，团队精神和沟通能力越来越受到重视。许多用人单位把"是否具有团队精神"作为人员录用的重要考量指标，团队精神和沟通能力成为当今社会不可或缺的一种能力。大学社团是微观的社会，参与社团是步入社会前很好的磨炼。在社团中，可以培养团队合作能力和领导才能，增强自己的工作能力，同时扩大自己的交际圈，认识来自不同专业、不同地区的同学，进一步获得交流沟通的机会，也可以发挥自己的专业特长。在担任学生干部时主动扮演同学和教师之间桥梁沟通的角色，并以此锻炼自己的沟通能力。把握在大学里学习人际交往的机会，因为大学社团里的人际交往是一种不用"付学费"的学习。很多成功的毕业生都是从学生会、社团中成长起来的，这些组织对大学生成长起着不可小觑的作用。

（三）正确对待情感，树立正确的恋爱观

刘心武说："人生一世，亲情、友情、爱情三者缺一，已为遗憾；三者缺二，实为可怜；三者皆缺，活而如亡。"对于亲情，人们认为血浓于水，是骨肉之情。对于友情，托尔斯泰认为："财富并非永远的朋友，但朋友却是永久的财富。"爱因斯坦说过："世间最好的东西莫过于有个头脑和心地都很正直的朋友。"列宁说过："爱情的本质是互爱，爱情是不可以强求的。"大学生应当学会珍爱亲情，珍惜友情，尊重爱情。当代大学生恋爱风盛行，这在很大程度上源于大学生在思想上的日益成熟，以及大学校园环境的相对宽松。刚入校的大学生由于刚刚从繁重的学业中解脱出来，开始独立生活，在情感上其实成为一个矛盾体。一方面会感觉呼吸到了自由的空气，另一方面则因为刚进入一个陌生的集体会产生一种情感上的空虚和茫然，这时就会急需一种感情来填补。但是恋爱观念上存在着误区。有的大学生认为"大学里没谈过恋爱，十分可惜"，有的则认为"谈一场轰轰烈烈的恋爱"是"大学的一门必修课"。这种不正确的恋爱观，可以说它不仅不能得到社会的认同，同时也破坏了爱情的高尚与纯洁。大学生活短暂而又丰富，面对学习、生活与情感，大学生仍需要不断地思考和探讨。一个勤于学习而又善于学习的人，一定是一个懂得生活和热爱生活的人，同时也会是一个尊重和珍惜感情的人。

（四）志存高远，提升理想信念

理想信念作为一种特殊的人类精神，主宰人的心灵世界，制约人的价值取向和行为选择，它是人们世界观、人生观和价值观的集中体现，对个人优秀品德的培育，对国家民族的繁荣富强，具有方向指引和动力支撑的重要作用。初涉大学生活，对每名新生来说都有一个适应的过程。有的学生能够积极主动地调整心态，排除干扰，在新的环境中较快地找到自己的位置，从而步入生活正轨，但有的人在适应环境中，听任消沉情绪自由泛滥，不能以积极态度面对问题。著名哲学家怀特海曾经这样说过："在中学阶段，学生伏案学习；在大学里，他应该站起来，四面望。"大学生应该有更高远的目标和开阔的视野，当然远大理想的树立有一个过程，而大学就是通过不断实践、摸索以真正获得理想追求的重要阶段。大学生要把大学生活的起始作为提升理想信念的前奏，尽快地转变观念，积极投身到新生活中，找到自己新的定位，然后踏实地走下去，为自己的理想追求制定长期规划。

第五节　大学生职业生涯规划的管理

培养大学生的自我管理能力、自我激励能力是教育的目标，也是高校教育教学管理工作的重要组成部分。教育的艺术不在于传授本领，而在于激励、唤醒和鼓舞，教育是让学生最终拥有健全的人格，从而能够独立地成长，踏向社会。正所谓，授之以鱼不如授之以渔，学会方法其实更为重要。大学四年，如何规划自己的人生，确定什么样的目标，怎样管理好自己的时间，处理好学业、学生工作、社团活动、人际关系和个人兴趣等众多问题之间的关系，是每一个大学生都需要面对和学习的。只有发挥积极性和主动性，学会自我管理、自我教育、自我服务、自我监督，才能在成长的道路上，看得长远，走得坚定。青年大学生有着大好机遇，关键是要迈稳步子、夯实根基、久久为功。心浮气躁，学一门丢一门，干一行弃一行，无论为学还是创业，都是最忌讳的。"天下难事，必作于易；天下大事，必作于细"。成功的背后，永远是艰辛努力。青年大学生要把艰苦环境作为磨炼自己的机遇，把小事当作大事干，一步一个脚印往前走。滴水可以穿石。只要坚韧不拔、百折不挠，成功就一定在前方等着自己。

一、目标管理

（一）目标管理的定义

目标管理也被称为成果管理、管理中的管理，是美国管理学大师彼得·德鲁克在1945年首先提出来的概念。目标管理是以目标为导向、以人为中心、以成果为标准，而使组织和个人取得最佳业绩的现代管理方法。

在学校中，大学生针对选定职业未来将要达到的具体目标，以促使个人依据目标规划自己的行动，包括知识、技能的学习与实践等，为实现这一目标而进行的积极准备与行动，就是大学生的职业目标。大学生的职业目标，也是大学生进行目标管理的一部分。

（二）目标管理的分类

大学生就业压力的日益增大，让大多数高校意识到大学生职业生涯规划和目标管理的重要性。学会目标管理有助于激发大学生学习的积极性与主动性，帮助大学生发现并解决存在的问题。而目标管理主要是根据目标的三个方面进行分类的。

1. 根据目标周期进行目标管理

大学生的目标可以分为短期目标、中期目标、长期目标和人生目标。短期目标一般为一至二年，又分为日目标、周目标、月目标和年目标；中期目标一般为三至五年；长期目标一般为五至十年。大学阶段，从大一至大四，每一位大学生都应该根据自己的需求，分析自己的优势、劣势和可能的机遇来勾画自己的短期、中期目标，甚至确定自己的人生目标，从而进行目标管理。

2. 根据目标需求进行目标管理

大学生的目标还可以再细化进行分类。如根据学习制定学习目标；根据大学生活的方方面面，又可以分为能力目标、素质目标、工作目标、健身目标、交往目标等；根据社会实践，制定职业目标、创新创业相关目标等。根据不同需求进行目标管理。

3. 根据目标价值进行目标管理

大学生的目标还可以分为主要目标、次要目标。主次目标大多数时间交叉存在，但是重要性和价值有很大的区别。如某位同学用自己90%的精力完成主要目标，用10%的精力管理次要目标，次要目标需要解决，但是可能远没有主要目标有价值。

（三）大学生目标管理的策略

1. 科学分析，合理定位

不少高校存在两种不容忽视的现象：一是学生对自身发展目标不明确，不清楚自己的特长和求职方向；二是学生有较强的事业心和职业愿望，但是目标不具体可行。产生这两种现象有一个共同的原因，那就是学生对自己没有进行科学分析、合理定位，很难找准正确的方向去努力。目前在就业形势相对严峻的情况下，大学生不免茫然困惑，忙于各种各样的求职，如考教师编制、考公务员、考城管、考村官等，当每场考试一一落败后，才又匆忙上阵，着手考研。如果每次考试都孜孜以求，如此多的考试则会让大学生压力倍增。不能否认这类学生群体的求职态度，但是我们并不赞赏这种做法。稍做分析便会发现他们一次次失败的必然性。更糟糕的是，这可能会打击他们的积极性，消磨他们的战斗力。每个大学生都有自己的特质，由于志趣不同、特长不同、弱点不同、体魄不同、心理承受力不同等，必须有不同的职业规划，所谓"闻道有先后，术业有专攻"；反之，如果对自己认识不清、定位不明，没有科学的职业规划或者根本不去规划，随波逐流，终究难逃被就业洪流淹没的结局。所以说大学生对自己有清晰的认知，找到自己所处的坐标，是制订职业规划方案的前提。

2.设定具体的近期目标，预设高层次的远期目标

根据美国心理学家马斯洛的需求层次理论，人的最高级的需求是自我实现的需求，是指人们最大限度地发挥自己的潜在能力，全面提高自己的综合素质，最终实现自己的理想和抱负。人们常说理想和现实之间有很大的距离，这个距离可能是当前经济、技能等条件的限制，可能是得不到亲朋的理解和支持等。为缩短这个距离，可以通过制订一份具有可行性和可操作性的职业规划方案来解决，并且这份方案必须包括三大要素：职业定位、目标设定和通道设计。其中目标设定不能停留在宏观层面，必须将更高层面的目标具体化和阶段化。

日本马拉松选手山田本一的"夺冠智慧"告诉我们，职业目标的设定也可以像跑马拉松一样，"大目标分解成小目标，小目标逐个消化掉"，这样就能不断自我激励，就能积跬步至千里，最终实现终极目标。笔者曾遇到过这样一名学生，他大一入学阶段表现得桀骜不驯，不太遵守纪律。通过谈话得知，原来该生的理想可谓远大——要做知名电视台主持人，在他看来专业学习是不能帮助他实现理想的。笔者首先表示支持他的想法，随后提出了一系列的问题，如通过普通话等级考试问题，必须完成专业学习、修满学分才能毕业等。只有实现一个个小目标，才有可能实现将来做知名电视台主持人的大目标。经过谈话该生很认真地制定了远期规划和近期目标，并默默为之努力，终于在本科毕业后进入了一家市级电视台工作。

将目标具体化、阶段化是目标管理模式的重要组成部分，将其运用于考研学生群体，最能体现其实效性。大学生在校期间考研机会只有一次，而且临近毕业时才见分晓。要想实现这个大目标，大学生必须先将其具体化、阶段化，这样才能做到迎难而上、持之以恒。因此，大学生可以将考研目标分解如下。大一，主动适应高校学习模式，学会自修，广泛涉猎。大二，努力完成规定课业，打好扎实的专业基础，同时积极找准兴趣，挖掘特长。"知之者不如好之者，好之者不如乐之者"，选准自己喜欢的专业，是考研的前提也是意义所在。大三，根据自己选定的专业方向，选修相关课程，拓宽视野，纵深发展。大四，积极备考，并合理分配考研、实习和做毕业论文的精力等。当

然每学年还可以按每学期、每月、每星期甚至每天来设定目标、分配任务。如此一来，考研这个在大一学生看起来遥远的目标便马上具体可感、切实可行了。学生到了大四也不会手足无措、茫然惶恐，考研于他们而言就是水到渠成的事情了。

3. 设计目标考核体系，建立目标管理的长效机制

目标管理理论告诉我们，目标定期反馈和及时考核是搞好目标管理的重要保证。反馈的目的是及时调整设计；考核的目的是对完成目标情况进行客观评价，从而启动新的计划，完成下一个目标。这种自我监督、自我考核的管理方式，为整个职业规划注入了新的力量，使得目标管理在职业规划中的运用成为一种长效机制，也使得大学生真正地从管理客体转变为管理主体。

职业规划方案中，设计目标考核体系应该包括两个方面。首先，要针对具体目标设计相应的考核标准。如考研的同学可以针对外语设计考核细则，包括"什么时间通过外语四级、六级考试；什么时间开始进入考研外语的真题训练"等。其次，制定自我激励和自我惩戒办法。因为能否持之以恒地去践行职业规划、能否不折不扣地完成每个细节，需要及时的自我检测，补缺补差。有这样一个案例：一名大学生想考金融学方面的研究生，因为是文科生，所以要到理科系去旁听高等数学课程。经过权衡，教师制定了相应的实施办法，如要求他制定旁听课表、制定本专业的课程的补学办法等。如能按计划完成任务，在请假制度上可以适当放宽限定；如果不能完成，就要求他调整自己的考研目标，降低考研难度。在这个过程中还要求他定期和辅导员交流学习情况，及时调整自己的学习状态，检测考研目标完成情况。尤其是到最后冲刺阶段，这种检测、监督显得尤为重要，因为很多考生到最后很容易因倦怠而放弃考研。

实践证明，进一步强化目标管理在大学生职业规划中的运用，是高校管理工作的重要举措，但是目标管理不是万能钥匙，无法解决所有问题。如何将目标管理引进高校德育工作、心理健康教育工作等；如何根据高校特征，尝试在院、系、班范围内建立一整套的目标管理体系等，还有更多的课题需要去研究。

二、时间管理

（一）时间管理的定义

人生的每一件事情都跟时间有关。时间管理实际上是把有限的时间投入

自己想做成的事上的管理。一谈到时间管理，多数人都会想到的是在工作上如何有效地利用时间，在业余时如何有效地利用时间学习或工作。其实，这样理解时间管理是错误的。进行时间管理，应该包括健康、工作、心智、人际关系、理财、家庭、心灵思考、休闲八个方面。尽管人们总觉得时间管理应该主要是与工作相关，但时间分配还是会涉及这八个方面。如在休息日，人们也许该在健康、家庭上有更多的时间分配，而不是用于工作。进行时间管理时，要特别注意时间管理与目标设定、目标执行之间是相辅相成的关系，时间管理与目标设定是不可分的。大学生在学业学习、就业创业中，每个小目标的完成，会让他们清楚知道与大目标更近了。在时间管理中，必须学会运用"80∶20原则"，即要让20%的投入产生80%的效益。时间管理不是说把事情安排妥当或把事做好了就行了，而应该是更长远和更系统地考虑时间的分配和使用效率，在学习和生活中学会珍惜时间。评估时间管理是否有效，主要是看目标达成的程度。时间管理最关键的要素是目标设定和价值观；时间管理的关键技巧是养成习惯，时间管理最大的难题是习惯，养成良好的习惯会得到事半功倍的效果。

（二）时间管理的分类

1. 简单型时间管理

备忘录或者便签条可以简单快速地按照事件任务进行时间分配和使用管理。备忘录的作用并不是要完整地规划时间，而是为了防止遗漏。备忘录中的事情通常是做完一件勾掉一件，好处是知道自己做了哪些事，但是也有一些缺点，如不够详细、没有优先概念等。

2. 详细型时间管理

计划表要比备忘录详细一些，是提前安排时间，为一天甚至多天的学习和工作做好时间预留和准备。例如，早晨8点到9点半要上第一节课，10点到12点要到图书馆自习等。这样的计划表对任务有了更多的控制，效率相对提高。

3. 规划型时间管理

比详细型时间管理更为复杂详细的时间管理是规划型时间管理。这样的时间管理已经无法简单地列出。当任务越来越多，多到在简单的表格中无法妥善安排时，就要分门别类地对工作或学习进行长期规划。这样的规划长见于重大的职业规划、人生规划，甚至是国家发展规划。

（三）大学生时间管理的策略

世界上最快而又最慢，最长而又最短，最平凡而又最珍贵，最易被忽视而又最令人后悔的就是时间。但是，时间并不是不能管理的，也就是说，懂得利用时间，运用一定的策略管理时间，能够节约时间，也许能够让自己更加接近目标。研究显示，善于科学地管理时间的人相对没有进行时间管理的人的生活质量有显著的提升。而时间管理技能可以通过训练，在掌握一定方法后得到提高。

1. 当时当下：番茄工作法

番茄工作法可以有效地帮助那些对时间不够敏感的人直观地感受到时间的流逝并迅速地进入工作状态。它简单易行、直观强化，让人更加专注地完成当时当下需要完成的工作。在番茄时间内要专注工作，中途不允许做与该任务无关的事直到番茄钟响起。这一工作法能够在当时当下让人更高效地进行学习或工作。对于进入图书馆，却拿起手机放不下的大学生，可以首先试一下番茄工作法。

（1）番茄理念

首先，不要在非工作时间内使用"番茄工作法"（如用三个番茄时间打扫宿舍、用五个番茄时间游泳等）。其次，不要拿自己的番茄数据与他人的番茄数据比较。再次，番茄的数量不可能决定任务最终的成败。最后，必须有一份适合自己的作息时间表。

（2）使用原则

首先，一个番茄时间（25 min）不可分割，不存在半个或一个半番茄时间。其次，一个番茄时间内如果做与任务无关的事情，则该番茄时间作废。最后，每完成一个番茄时间的任务可以休息5 min。

（3）工作优点

首先，番茄时间不长，但是不要小看25 min的番茄时间带来的超高效率，在这个时间内，通过番茄工作法可以明显地提升集中力和注意力，从而减少中断。其次，通过计时可以唤醒激励时间管理者完成目标，巩固达成目标的决心。最后，番茄工作法"工作—休息—工作"的顺序可以改进工作学习流程，强化决断力。

2. 短期管理：四象限法则

四象限法则是时间管理理论的一个重要观念。这一法则在于对生活、学习和工作中遇到的事情进行等级划分，并通过象限直观的方式强化时间管理者处理事情的先后顺序，因为重要且紧急的事情无法回避，所以四象限法则强调要把主要的精力和时间集中地放在处理那些重要但不紧急的工作上，建立预约，从而更有效地展开工作。

（1）象限理念

在学习工作中，很多时候往往有机会去很好地计划和完成一件事，但常常却又没有及时地去做，随着时间的推移，造成工作质量的下降。要把精力主要放在重要但不紧急的事务处理上，需要很好地安排时间。一个好的象限理念是建立预约。建立了预约，自己的时间才不会被别人占据，从而有效地开展工作。

（2）使用原则

第一象限是一些紧急而重要的事情，要优先处理解决。第二象限是那些紧急但不重要的事情，要进行预约安排和规划。第三象限大多是些琐碎的杂事，没有时间的紧迫性，没有任何的重要性，优先级为最后。第四象限中的事情不具有时间上的紧迫性，但是，它具有重大的影响力，因此也要妥善安排。

（3）工作优点

使用四象限法则可以很好地安排短期内的学习和工作。同时，描画四象限的过程，也是盘点学习和工作内容的过程，可以有效地帮助时间管理者规划学习和工作。四象限十分直观清晰，可以迅速地帮助时间管理者确定自己的时间应该安排在哪些事情上。如第一象限要优先，第二象限要预约，第三象限可放弃，第四象限要投资。

3.长期规划：一万小时

一万小时定律是作家格拉德威尔在《异类》一书中提出的。"人们眼中的天才之所以卓越非凡，并非天资超人一等，而是付出了持续不断的努力。一万小时的锤炼是任何人从平凡变成世界级大师的必要条件。"他将此称为一万小时定律。如果一万个小时的时间是三到五年，那么大学时光，完全可以好好进行规划。

（1）定律理念

要成为某个领域的专家，若需要一万个小时，按比例计算就是：如果每天工作八个小时，一周工作五天，那么成为该领域的专家至少需要五年。这就是一万小时定律。

（2）使用原则

从心理学上分析，用上千上万小时来做一件事并不是一件理性的事。常常会产生困扰，还会被别人认为过于执着。但是无数事实证明，一个人只要不是太笨，不是太不开窍，有这一万个小时的苦练打底，即使成不了大师、巨匠，至少也会成为本行业的一个具有丰富经验的专家，一个对社会有用的人。因此，使用这一时间管理方法的原则就是，好好规划和认真坚持。

（3）工作优点

虽然一万小时定律目前还没有充分的科学依据，但是无数已经成功的例子让相信的人迈入了长期时间规划的征程。从这个角度讲，做好自己的五年计划，要比不知道做什么好得多。在大学期间，除了专业课学习还有许多学生工作和校园活动，甚至人际交往等，这些都需要占用大学生的时间。但是如果能确定好自己未来的一万个小时想做什么，做好长期规划，也是一件幸事。

第三章 大学生职业生涯规划指导

本章主要介绍的是如何对新时代的大学生进行职业生涯规划指导,主要从企业参与、借助互联网创新指导方法、完善教育服务机制、思想政治教育中渗透职业生涯规划教育等方面来阐述。

第一节 企业参与指导大学生职业生涯规划

一、建立企业参与的课程体系

现有的大学生职业发展与就业指导课程在内容设置上以职业生涯规划相关的理论教育内容为主,主要采用的是"灌输式""集体讲座式"的单向教学方式,指导形式和方法都比较单一,针对特定专业,为学生提供个性化咨询指导的课程内容相对较少。因此,高校可以通过校企合作,及时了解相关专业就业市场需求的变化,邀请企业中人力资源工作经验丰富的员工参与各个年级学生的个性化、全程化的职业生涯课程体系建设。在大学一年级的职业生涯规划认识建立阶段,高校可以邀请企业开设主题讲座,介绍行业发展动向、行业的一般岗位设置以及企业对人才的素质要求等,让大学生对行业所要求的核心素质有清晰的把握;在大学二、三年级的调整与发展阶段,学校可以与有成熟人力资源管理经验的企业合作,引入企业中流行的职业测评工具,帮助大学生正确分析兴趣、个性、能力与职业之间的匹配度;在大学四年级的职业准备阶段,可邀请企业中的人力资源管理团队进行求职指导,让大学生体验企业中流行的面试形式,掌握求职技巧。

二、建立企业导师参与的师资队伍

现存的大学生职业生涯规划一般是由年级辅导员担任主讲教师的一对多的"粗放式"教学，单向式地传播职业生涯规划中的传统理论知识，而忽视了对学生的个性化指导。学校可以积极邀请企业内部富有经验的从业人员，凭借对行业职业特点、企业管理方式、员工教育培训等内容的长期摸索与深刻理解，组建职业生涯指导的导师团队，以小型主题讨论会、专业职业技能培训、企业导师面对面等形式，通过与一线企业从业人员的近距离交流，获得对相关岗位工作状态的感性认知，接受更具个性化的职业规划指导。中国人民大学的"学生职业生涯引领计划"（"LEAD计划"）是建立大学生职业规划指导教育"导师制"的一个生动实践。该校通过邀请具备丰富职场经验的校友担任学生职场导师，以"导师公开课活动"的形式为学生讲述职场感悟，借助"一日助理"项目让大学生以助理的身份近距离观察企业日常，实现了"导师制"的精细化、个性化大学生职业生涯规划指导。

三、建立企业资源支持的项目平台

（一）搭建学生体验行业岗位的平台

有效的职业生涯规划教育，应该是一个能让学生充分融入相应的行业、岗位，获得基本的职业认知，进而规划自身职业生涯的过程。因此，学校应开展广泛的校企合作，根据专业实际，在相关行业领域寻找数量足够的代表性企业，与之建立长期的见习、实习、就业基地合作关系，让学生在大学二、三年级就能够按照自身的兴趣和规划融入特定的职业岗位，在其中了解企业的运营模式、企业文化、用人要求和企业人才培养模式，思考自身兴趣、个性、能力与行业岗位之间的匹配程度。同时，当学生结束见习、实习任务后，学校在要求企业评价学生态度和能力的同时，还应要求企业从"人职匹配"的角度评价学生与岗位之间的匹配程度、学生在岗位上的发展潜力等，为学生的职业生涯规划提供参考意见。

（二）打造企业资源支持的校园专业技能竞赛

目前，高校校园专业技能竞赛普遍是高校一方的"独角戏"，在比赛内容和形式上，更多是课堂理论知识的简单运用，鲜有将专业技能比拼与解决当地企业的实际问题相结合；在指导力量上，更多的是依靠专业课任课教师和学生管理人员，鲜有将企业中特定岗位的一线从业人员聘请为赛事指导专家。学校应该积极寻求自身专业设置与解决当地企业实际问题的契合点，以此为着力点，调动企业资源支持校园专业技能赛事。一方面，可以邀请当地企业为校园专业技能赛事"出题"——或是解决企业运行中的实际困难，或是改进生产流程、工艺质量，或是为特定产品策划营销，让专业技能赛事聚焦企业实际问题；另一方面，学校可以邀请企业中富有经验的从业者作为赛事的指导专家，参与专业技能赛事的赛前培训、赛时指导和赛后反馈。把校园专业技能赛事打造成校园、企业、学生的"大合唱"，让专业技能竞赛活动成为学生专业技能提升与解决企业实际问题相结合、学生展现自我与行业岗位体验相结合的有效平台。

（三）创办由企业主讲的"企业特色班"

大学生要对自身进行更清晰具体的职业生涯规划，不仅要掌握职业生涯规划的基础知识和测评工具，更要对行业和岗位所要求的专门技能进行系统化学习。"产学结合、校企合作"是不少高校倡导的人才培养模式改革理念，基于此，高校可以与相关行业领域的代表性企业合作，开办"企业特色班"。特色班可以让对自身的职业生涯已形成较清晰规划、渴望进一步培养相应岗位技能的学生自主报名参加。特色班的课程由合作企业根据企业岗位的实际需求开发设置，课程体系应包含行业发展概况、企业文化、岗位现状和职业生涯、岗位实务技能培训、企业通用管理等模块，由企业中各业务模块具有丰富实务经验的员工现场授课。课程结束后，由合作企业提供实践岗位，检验、提升所学岗位技能，并为特色班中的优秀学员提供就业机会，实现学生职业能力与企业岗位能力的无缝对接。

第二节 借助互联网创新大学生职业生涯规划指导

随着现代网络信息技术的迅猛发展和智能客户端的普及，互联网正在悄然改变着大学生的学习、生活方式，业已成为大学生生活中不可或缺的组成部分。在"互联网+"行动计划下，各行业都在顺应时代潮流，积极探索，欲借助互联网的优势改变传统行业模式，推动传统行业的转型和快速发展。就业是民生之本，关系到社会稳定、家庭幸福和个人成长的问题。随着高等教育大众化的不断发展，大学生人数逐年增加，大学生就业问题日益突出，受到社会各界的普遍关注，大学生职业生涯规划教育就是推进大学生高质量充分就业的有效途径。在"互联网+"背景下，职业生涯规划教育也应适应时代潮流、抓住机遇，以互联网与大学生职业生涯规划教育相融合为根基，充分利用互联网的共享性、开放性、资源丰富的优势，构建一种新型的教育模式，使职业生涯规划教育实现连续性、及时性；不断加强大学生的职业生涯规划意识，帮助大学生树立合理的职业目标，调动大学生学习的主动性、积极性，提升其就业能力，进而提高就业质量。这也必将成为未来大学生职业生涯规划教育的发展趋势。

一、整合优质教育资源，加强师资队伍建设

知识是力量的源泉，是成功的基础。优质教育资源是提高大学生学习主动性、积极性，提高教育教学质量，推进教育公平的有效保障。加强大学生职业生涯规划理论知识学习是不可或缺的，"互联网+"催生了网络教育、微课、慕课等多种教育形式，并且其以飞快的速度得到充实和丰富，为大学生自主学习提供了丰富的学习资源。虽然互联网上充斥着职业生涯规划教育学习资料，但是网络学习资料鱼龙混杂、真假难辨，呈现碎片化、冗余化的特点，且存在大量错误信息，对于缺乏信息甄别能力的青年大学生来说难以把握，容易被错误信息引导。为此，高校应该通过共建共享的方式加强网络教育资源建设，增强教育教学效果。

（一）整合优化网络教育资源

优质教育资源是实现良好教育效果的重要保障。网络上参差不齐、繁杂冗余的海量教育资源不仅耽误学生的学习时间，甚至会对学生产生误导。所以必须通过整合优化甄选出符合当代大学生特点和需求的优质网络教育资源，还要注重资源的系统性，并将其共享在学习平台上，使每位大学生都能够获取更好的教育资源，这也是促进教育公平的有效途径。一方面，在充分分析学生特点和学生需求的基础上，注重选取贴近生活、贴近实际的典型事例，突出自主学习特点，以知识点为基本单元录制微课视频，将电子教案、课件等通过网络平台推送给学生；另一方面，联合同类型高校和培训机构，开发优质教育资源，筛选网络上的优质课程，整合各高校的优质资源，使优质教育资源的应有作用得到充分发挥，惠及每位大学生，改变教育资源分布不均衡的局面，进一步推进教育公平的实现。

（二）加强师资队伍建设

互联网时代，教师的角色发生了变化，但是教师的作用不应被弱化，而更应该加强；互联网对教师素质的要求不但没有降低，反而有所提高。互联网时代不仅需要教师拥有职业生涯规划专业理论知识，还要有利用互联网技术的能力。加强师资队伍建设，组建由本校教师、职业规划师、企业管理人员等组成的多元化的职业生涯规划教师团队，加强互联网技术培训，提高教师信息素养。

二、构建线上线下相结合的混合教学模式

互联网助推网络教学不断发展，微课、慕课等吸引了广大青年大学生，激发了大学生学习的主动性、积极性。但是，网络教学无法替代课堂教学过程中师生面对面的交流。为此应构建线上线下相结合的翻转课堂教学模式，发挥特长提高教学质量。首先，将学生分成10人一组的若干学习小组，每个人轮流担任组长，负责组织小组学习讨论。其次，教师在课前精心选择准备适合学生学习特点的慕课、微课、教学计划、任务要求并发给组长，由学生自主学习，由组长组织小组成员共同学习，完成作业。再次，在课堂上，组长根据作业情况对学习成果和存在的问题进行汇报，小组间对于问题相互讨论、相互交流、相互学习、取长补短，巩固内化所学知识，教师进行阶段性学习点评，并解答学生存在的困惑。最后，课后每人撰写学习心得，并作为作业提交。这种基于慕课、微课的翻转课堂教学模式适用于大学生职业生涯规划教学。对于大学生而言，他们不受时间和空间的限制，可以反复观看视频，直到完全理解、掌握，满足了大学生个性化的学习需求；分组讨论式学习可以提高大学生学习的主动性，培养团队合作精神，提高学习能力和交流能力。对于教师而言，可以从枯燥劳累的课堂教学中解脱出来，进行教育教学研究，不断提升完善自我，提升教育教学水平，促进自身职业发展。

三、促进个性化发展，建立网络互动交流平台

（一）建立生生交流平台

朋辈教育是一种感染性教育，朋辈之间有着共同的话题、平等的地位，朋辈的意见和建议更容易被受教育者接受，同时有利于同学之间相互讨论、相互学习、相互交流，取长补短，共同学习，共同进步。对此可以在全校选拔思

想先进、意志坚定、理论扎实、能力突出的学生干部，着重培养，使其成为职业发展的志愿者，让其担当交流平台的管理员，并将其所学向周围的同学辐射和推广，以此来影响和帮助更多的同学。

（二）建立师生交流平台

交流的隐匿性拉近大学生与教师之间的距离，减少大学生的心理隔阂和心理防卫，便于大学生与教师之间深入、平等交流。因材施教，满足大学生多样化需求，解决大学生的现实困惑，促进大学生个性化发展是教师义不容辞的责任。大学生可以通过交流平台提出自己的需求，教师可以在线解答学生职业发展中的困惑，为他们提供参考建议。同时还可以邀请知名学者、职业规划师、企业家、职业经理人等与大学生进行在线交流，帮助大学生解决职业困惑。

四、加强自我认知，引入职业测评平台

合理的职业生涯规划是建立在准确的自我认知的基础上的。大学生职业生涯规划是一个动态变化的过程。随着时间的推移，大学生通过在校期间的学习，心智逐渐成熟、知识经验不断丰富、能力逐步提升、价值观逐渐稳定。这些微小的变化在职业选择中起着至关重要的作用，这就需要大学生不断加强自我审视和定位。职业测评是被实践证明了的能够加强大学生自我认知的有效途径，大学生可以通过性格测评、兴趣测评、能力测评、职业锚测评等进行准确的自我认知，从而为职业生涯规划打好基础。为此，一方面，高校要引入正规的职业测评工具，免费让大学生每学期进行一次职业测评，使大学生在不断变化的自我中加强自我认知，发现自己的优势与不足，并在日常学习、生活中不断完善自我。另一方面，还要加强对职业测评报告的解读。测评报告具有普遍性，并不能反映每个人的具体情况，所以要邀请专业人士采取面谈、测试等方式作为报告的补充，进一步帮助大学生分析自身特点、加强自我认知，并提供职业发展参考建议，帮助大学生制订切实可行的计划。

五、加强社会认知，搭建政校企合作平台

加强实践动手能力，认清行业发展趋势，准确把握社会需求，有助于大学生了解客观工作世界，这也是大学生职业生涯规划不容忽视的重要内容。我国经济社会发生的快速变化，对大学生综合素质和实践动手能力提出了更高的要求，这就需要大学生不断深入社会、了解社会，勇于实践，在实践中加强锻

炼，提高实践动手能力，进而全面了解客观工作世界。建立政校企合作机制，建立合作交流平台，畅通沟通渠道，为大学生提供实习实践的机会，使大学生走出校园，走向社会，认识社会。这对增强大学生社会责任感，提升大学生就业能力，明确职业发展目标有着重要意义。

六、增强教育效果，建设网络评价平台

随着互联网技术的不断发展、教育观念的不断变化、教育内容的不断更新，大学生职业生涯规划教育也应是一个不断改进、更新、完善的系统。教育的目的能否实现、教育效果如何、学生学习效果如何，都是教育管理者十分关注的问题，网络评教和学业评价为提高教育教学质量提供了有力保障。

（一）建立网络评教系统

评价的客观性、公正性有赖于评教主体的多元化和评价内容的全面化。组建由学生、教师、企业人员、督导、领导组成的多元化的评教小组，从教育目标、学习资源、师资队伍、教育教学效果等方面对职业生涯规划教育教学进行客观公正的评教。为保证评教、反馈的及时性，从开学至期末评教系统一直要处于开放状态，并且每周汇总一次，分析、查找问题，提出整改意见和措施并及时反馈给教师，作为教育教学改革的重要参考，从而完善、改进教育教学方式，提高教育教学质量。

（二）建立学业评价系统

互联网时代，大数据、云计算等技术为大学生学业评价提供了技术支持。职业生涯规划是连续的过程，是不断改变的过程，为此，每学期让大学生根据自我认知和社会认知提交职业生涯规划书与生涯人物访谈作业。教师根据作业完成情况、在线学习情况等做出结论性评价和建议，实现大学生职业生涯规划连续性的监督、引导和指导。

大学生职业生涯规划具有启迪性、实践性、连续性和发展性等特点，对大学生职业发展和人生价值实现具有重要意义。在"互联网+"背景下，教育者应该顺势而为，把握机遇，迎接挑战，不断创新、完善大学生职业生涯规划教育体系，将职业生涯规划教育融入人才培养全过程，唤醒大学生职业生涯规划意识，激发大学生职业生涯规划热情，为祖国培养社会主义事业的合格建设者和可靠接班人，使大学生不断实现职业目标和人生价值。

第三节　完善大学生职业生涯规划教育服务机制

一、建立和完善大学生职业生涯教育服务机制的必要性

随着我国市场经济体制改革的深入推进，大学生就业的竞争日趋激烈，高校扩招更是加剧了大学生的就业压力。就业难也成为社会密切关注的热点问题。尤其是近几年，大学生外部的社会和家庭环境发生着重要变化，社会观念与就业形势都直接影响着大学生的职业选择和生涯规划。但高校目前的职业生涯规划教育课程、毕业前的紧急就业指导服务、就业信息采集以及就业心理辅导并没有形成制度化、体系化的职业生涯规划教育，使得高校职业教育方式呈现出单一化，且有流于形式之嫌。形式，并没有对大学生的择业观和正确职业选择产生实质性作用。我国目前并没有建立起一整套完善的高校大学生职业生涯规划教育服务机制，也没有充分利用高校思想政治教育课程有效设计职业生涯规划教育。我国的职业生涯规划研究起步较晚，文献研究多立足于目前职业生涯规划教育的现状、问题或方案设计，缺乏从整体上厘清职业生涯规划教育在高校教育中的定位、目标，技术性手段与内容形式创新、配套服务和可持续等方面也存在不足，没有很好建立起一套完整的大学生职业生涯规划教育服务机制。

二、我国高校大学生职业生涯规划教育服务机制创新

（一）探索建立辅导员与专任教师协同机制

培养大批创新性、全面性的高素质专业人才，解决大学生就业市场供求错位成为摆在高校大学生职业指导教育面前的一项具有时代意义的重要课题。辅导员与专任教师分别工作在学生管理和教学科研的第一线，是与学生接触最频繁、关系最密切的人。两者在大学生职业指导教育中所构建的协同机制，能够更为精准地为大学生提供指导与服务，切实提升高校大学生职业指导教育的实效。

在大学生职业指导教育中，构建辅导员与专任教师协同机制，就是在"三全育人"的背景下，在现有以辅导员为教育主体的基础上，将专任教师作为新

的教育主体引入大学生职业指导教育中,从而在育人过程中形成资源共享与优势互补。这不仅是遵循教育规律的内在要求,也是实现精准职业指导和就业帮扶的有效途径。

1. 以思想政治教育为基础,树立正确职业观念

当前,造成大学生就业市场供求错位的最主要原因是相当多的大学生对自身认知出现了偏差。思想政治教育作为高校提升大学生思想素质的最重要途径,理应为开展大学生职业指导教育做好基础性工作。要充分利用党团课、班会课等平台,将主旋律教育和就业形势与政策教育贯穿于思想政治教育的全过程,引导大学生正确认识个人与集体的辩证关系,合理设计自己未来的发展方向,树立正确的就业观、职业观。

2. 以教育实践为重点,提升专业能力

当前,社会对高素质、技能型人才的需求更加迫切。因此,除要发挥好职业指导课程的主渠道作用外,高校的专业课程、教学实践也应纳入大学生职业指导教育的范畴中。在专业课程的教学中,专任教师可以凭借其良好的学科背景和掌握最前沿信息的优势,及时研判现阶段行业内对人才的最新需求,在为学生授业解惑的同时培养学生的职业兴趣。与此同时,专任教师还可依托专业课程实践、创新创业训练计划和课题的研究等,充分利用校内外资源,为大学生提供生产一线的科研实践平台,帮助其积累实践经验,提高专业知识运用能力。

3. 以第二课堂为途径,提高综合素养

较传统教育模式而言,第二课堂形式多样、方法灵活,学生的参与热情较高。既可以通过开展演讲比赛、书画比赛等校园文化建设活动,用大学生喜闻乐见的方式,在轻松、愉快的氛围中,激发大学生的主观能动性、创新意识和自主意识,提高大学生的综合素养;也可以开展专业技能竞赛、创新创业大赛、职业生涯规划大赛等,邀请专任教师作为指导老师参与到活动中,通过师生互动,完成对大学生进行专业知识培训与指导,引导大学生将所掌握的知识化为实际技能,借此加强大学生团队协作意识与竞争意识,提高其逻辑思维能力和活动组织能力。

做好大学生职业指导教育是长期性的系统工程。辅导员和专任教师作为高校落实立德树人根本任务的重要力量,通过建立二者在职业指导教育中的协同机制,不断完善工作方式,促进有效合作,实现高校育人资源的高效整合,在最大限度上形成育人合力,切实提高高校大学生职业指导教育的水平和实

效，为社会培养和输送符合时代要求的高素质、专业化人才。

（二）建立职业生涯规划指导常态化机制

根据分析我国目前职业生涯规划教育的现状，结合国外职业生涯规划教育的先进经验和我国实际国情，结合我国本土的优良传统文化，构建大学生职业生涯规划教育常态化机制比临时性的就业指导更能够实现职业生涯规划教育目的。

倘若我们要谈大学生职业生涯规划，就不应当将就业指导和生涯规划分离，而应当重视二者的统一结合。换言之，高校的职业生涯规划应当包括职业规划、职业生涯规划以及生涯规划三个重要的因素。职业规划关注的是临时的近期的一些具体职业问题。职业生涯规划重点把握长远的发展问题。生涯规划主要是关于人的一生的发展问题。大学生职业生涯规划设计是处理好短期与长期的关系，最终达成自己的理想和价值。

笔者认为常态化机制至少应当具备三个特征。第一，可持续性。所谓可持续性即某项资源被运用应当是持续进行的，而并非阶段性或零散化的。因此需要具备完善的政策和制度环境，具有一套完善的考核和评价体系，明确各方权责利益，从而有效发挥各项资源的作用，形成可持续的信息反馈和资源可循环利用，并形成一整套有效的跟踪反馈机制，在充满智慧的运作中获得无穷的力量。第二，专业性。这需要具备专业化的人才、专业化的知识和专业化的工具。其中，专业化的人才是科学有效帮助大学生认识自我、评估自我、探索自我的基础。同时这些人员应当至少掌握专业的职业辅导知识，具备较为丰富的职业经验，具有充分的心理学知识，能够取得相关职业认可。专业化的工具能够帮助大学生进行自我测评，帮助其在复杂的职业环境中进行人职匹配，寻找到自己的兴趣点和个性，从而有效进行选择。第三，支持服务性。大学生职业生涯规划并不只是需要教育，还需要一种服务的意识。所谓支持服务性，即所有的制度设计都应当本着为学生服务的意识，只有怀抱这种心态，才能想学生所想，真正为学生排忧解难，将学生作为顾客，为其提供个性化的专业化的服务。

（三）建立全方位的"一条龙"生涯教育服务体系

为了使传统的就业指导转为全方位的职业生涯规划服务，应当建立起"一条龙"的职业生涯规划服务，具体包括以下方面。

一是短时咨询，这种方式主要针对的是一些临时性的问题，能够在大约十分钟的面谈时间内完成指导。这种短时咨询主要针对的问题包括以下方面：向学生介绍就业资源与服务、简历求职信的制作，面试准备，资源共享，工作实习机会、校园招聘信息、薪资水平估算等。短时间的生涯规划咨询一般可以安排在工作日的下午，进行完简短的咨询后，咨询者应当做好笔录和记录，根据该学生的实际情况，进一步提供长远的建议或跟踪方式。

二是个人约见辅导制度，此项面谈制度时间较长，辅导的内容也相对较多，范围也较为广泛。这类辅导的内容一般是工作领域、个人特征、长远的职业生涯规划以及遇到的学习规划等问题。受访者应当重视这类问题的咨询，争取为学生提供一种常态化的解决方式，并提供有效的规划建议。如有必要，还应当为其提供后续的资源和服务。

三是模拟面试。面试技巧完全可以通过反复的实操练习完成。缺乏面试经验的大学生能够通过面试练习得到较快的技巧提升，也能在短时间内获得充分的自信。通过模拟的实际面试求职，辅导对象能够获取面试的成绩和评价，从而在真刀实枪的面试中获得自信，避免误区，提升面试的准确度和成功率。

四是职业测评。职业测评应当得到广泛的使用，高校可以选择几种不同的测评工具进行交叉使用，最好采用系统操作的方式，方便数据的操作。首先应当形成一份个人的职业测评报告，对其测评结果进行分析并提出测评的建议；其次学校应当形成一份团体报告，即通过团体性的分析报告知晓目前学生的职业倾向情况，从而为未来的教育服务工作提供更为有效的帮助。此外，专业人才还应用于对这些测评报告的有效利用，装进学生档案，形成长期跟踪的依据。

五是简历辅导。简历和求职信是求职者的门面，简历相当于求职者的推销广告书，广告书能否一针见血，有针对性地面向各个企业，从而形成创新和亮点，吸引企业，便能增强其求职的成功率。

六是社会实践。社会实践既包括假期的实习工作，也包括社会的实习工作。许多学校忽略了这一体系建立的重要性，从而使社会实践活动落于形式，资源错置，好的更好，差的则更差。其实社会实践活动完全可以被有效利用，同时对于大学生而言，又是了解自我、职业和环境的绝佳机会。而由于缺乏有效的监督机制和规范政策，大学生的社会实践活动没有起到实质性的作用。因此，高校应当充分利用各院系的资源和校友关系，利用社团活动，建立起常态性的实习机制，建立起奖惩制度，督促学生有效地进行实习工作。

（四）建立与创新创业教育相适应的激励政策与制度

在条件成熟的基础上，推行弹性学分制，建立教师互聘、课程互选、学分互认等机制，放宽学生修业年限，允许调整学业进程、保留学籍休学创新创业，为大学生自主学习创设条件。合理认定大学生参与项目实验等活动，建立创新创业档案和成绩单，客观记录并量化评价大学生开展创新创业活动情况，科学设置大学生开展创新创业实践、发表论文、获得专利和自主创业等项目的学分，建立创新创业学分转换制度。制定大学生创业支持办法，支持在校大学生结合专业技能开办科技型企业。设立大学生创新创业教育基金，用于表彰创新创业的优秀大学生。

（五）组建专兼结合创业导师团队

鼓励校内专职创新创业教育培训教师提升创新创业培训能力，获得创业培训师资格；聘请社会各行各业优秀人才（如校友、创业成功者、企业家、经济学者、风险投资人等）担任创新创业课程指导教师，组建涵盖具有丰富创业经验、有强烈社会责任感的专兼结合创业导师团队，为大学生进行政策、项目、市场、金融等方面的"一站式"指导。

第四节　思想政治教育助力大学生职业生涯规划指导

面对毕业生人数逐年增多问题，大学生就业思想波动频繁，各类就业观念不断涌现，严重影响了他们的就业价值观。大学生的就业价值取向与国家的前途、民族的命运息息相关。党的十八大以来，习近平总书记对如何做好高校思想政治教育工作和就业教育工作提出了一系列新理念、新思想和新观点，为"大思政"格局下做好大学生职业生涯规划教育工作和就业教育工作提供根本遵循和行动指南。

一、思政教育在大学生职业生涯规划与就业指导中的价值

大学生思想政治教育坚持立德树人的根本任务，其目标是培养大学生树立正确的理想信念，以成为社会主义合格建设者和可靠接班人。就大学生职业生涯规划与就业指导类课程而言，教育部印发的课程教学要求明确指出，大学

生需要树立积极正确的人生观、价值观和就业观，要将个人发展与国家需要、社会发展有机地结合起来，要愿意为个人的生涯发展和社会发展主动付出积极的努力。由此可见，思想政治教育与大学生职业生涯规划、就业指导具有相同的教育目的，都是为了促进大学生的全面发展。思想政治教育坚持"育人"与"育才"相结合，强调思想政治教育的重要性，推崇理想信念的力量，贯穿于基础教育、职业教育、高等教育等领域，在思想道德教育、专业知识教育、社会实践等方面都有所体现。

大学生就业是社会关注的热点问题，对于刚毕业的大学生而言，不仅需要树立正确的择业观和就业观，更需要树立远大的理想抱负，在社会竞争中健康成长；思想政治教育不但可以帮助大学生树立正确的世界观、人生观和价值观，还可以引导大学生在接受思想政治教育的熏陶后，认识到职业生涯规划的实际价值和意义，帮助大学生明确职业方向和定位，有意识地培养职业素质和综合能力，激发大学生的责任使命感。

二、"大思想政治"格局下大学生职业生涯规划指导对策

（一）融入思想政治元素，构建协同育人的环境

毫无疑问，当代大学生群体是互联网的原住民，他们对新鲜事物充满了好奇心，微信、微博、QQ等网络平台深受大学生的喜爱和追捧。网络自媒体的普及与应用，对大学生的学习生活产生了一定的影响，一方面，为学生获取信息、抒发观点意见、答疑互助等提供了便利条件；另一方面，平台的部分内容因缺乏真实性和客观性，也会给大学生的言行举止和思想道德带来冲击。鉴于此，高校在开展大学生就业工作时，构建了网络协同育人信息平台，打造"职业生涯规划与就业指导+思想政治教育"的新模式，开展网络思想政治就业指导服务，如定期发布实习就业岗位信息、预约个人职业生涯辅导咨询、普及就业政策知识等，以大学生喜闻乐见的形式宣传就业指导内容，贴近大学生实际进行思想价值引导，为大学生的职业生涯规划与就业指导创造丰富的服务阵地。

（二）实现镜像式、个性化、导向性的学校社会育人模式

一是精准设计镜像式指导模块。利用辅导员工作坊、名师工作坊等思想政治教育工作创新平台，进行体系化设计，精确分析大学生年级层次和所处的职业生涯发展阶段，对大学生进行有针对性的就业教育。

二是精准构建个性化实践平台。加强校军沟通、校企沟通、校地沟通、校医沟通，鼓励大学生走出校门，到基层去，到生活中去，磨炼品质，感悟人生；优化专业结构，深化专业综合改革，精准化满足大学生的个性化发展需求，激发大学生的兴趣和潜能，让大学生忙起来、让教学活起来、让管理严起来，全面振兴高校教育，全面提高人才培养质量。

三是精准优化导向性育人环境。加强清扫"网络垃圾"和传媒不良导向的力度，有力化解社会各种不良风气和价值导向与学校教育效果的抵消作用，从根本上净化社会环境，从而保证思想政治教育的良好环境。弘扬主旋律，传播正能量，引导大学生更为直接、全面地了解社会，加深大学生对国情、民情的了解，增强大学生的社会责任感。

（三）打造个性化指导咨询室

在大学生职业生涯规划与就业指导类课程的教学过程中，存在课堂互动性不高、学习氛围不强、专业针对性差的问题，学生无法从课程中获取符合自身实际的信息。建立以人的全面发展为出发点，以课程骨干教师为主的个性化指导咨询室，根据大学生的特点，为大学生提供个性化、准确化的指导服务，帮助大学生更进一步地认识自我。通过面对面个性化的指导服务，拉近学生与教师之间的距离，加强思想政治教育的引导，帮助大学生端正求职心态和明确职业生涯规划方向。

（四）开展全程化指导，提升大学生职业生涯规划能力

全程化的大学生职业生涯规划指导包括学业生涯指导和职业生涯发展指导，两者应贯穿于大学生的大学四年学习生涯，做到因人而异、因地制宜，让不同性格、不同环境、不同年纪的大学生都能得到适当程度的指导，从而提升大学生职业生涯规划的能力，帮助大学生科学规划职业生涯目标，引导大学生实现崇高人生价值。

大学一年级的思想辨析。对于刚迈入大学校园的大一新生，最需要做的便是对其进行职业生涯规划启蒙教育，此阶段的主要目的是要让大学生对职业生涯规划形成具体概念，与此同时建立一个较为浅显的经验基础。在具体实施中，还要细分成两个方面，一是针对大一新生求知欲旺盛、职业素养缺乏的特点，在懵懂的情况下进行简单直白的观念教育，二是针对在开放的校园环境下的大学生所进行的正确价值观树立的教育，通过逐步的积累，大学生自主的道德观和思辨意识便会成型。在此基础上，寓教于乐的丰富社团活动和初入校园

的新生活会感召影响大学生对待未来的态度，让他们客观认识校园、初步认识社会。

大学二年级的学习定位。对于大二阶段的职业生涯规划指导要从发掘大学生自身兴趣开始，着手引导大学生自发培养各种职业能力。让大学生较早地确立方向并培养相关知识，促进其认真对待未来发展规划，就可能避免应届生面临择业才开始思考自身喜欢什么的不成熟现象，且此阶段学习计划失败还有时间重新选择。

大学三年级的目标指导。大学三年级的学生经过大一、大二两年的基础课程学习，已经掌握了专业课程的基本内容，也在职业素养上有了一些经验。所以这一阶段的指导目标要着眼于明确职业目标、毕业后走向问题。从当前国家政策和社会人才市场情况出发，帮助大学生认知自身拥有潜能的同时，了解自身选择与社会需求匹配程度，价值是否能达到最大化等方面，促成大学生自身职业生涯规划立体全面成型。另外，高校还可以通过开设创新创业课程和开展创新创业培训活动等，培养大学生的创新精神和创业能力，发挥大学生的潜能，帮助大学生更好地认识自己。

大学四年级的就业指导。这一阶段大学生职业生涯规划指导工作的重点在于考研、择业和创业等具体问题的辅导。一方面，虽然大学生已经半只脚踏入了社会，但对于相关经验性问题缺乏了解。此时，需要通过职业相关测试从心理健康方向考量大学生所面对角色转换的压力和问题，且对于未来职场选择、竞争中的挫折是否做好准备等方面进行辅导。另一方面，在实际求学、择业、创业前所要具备的信息渠道、实践基础、资源人脉及法律法规方面的具体实际问题，也是职业生涯规划指导工作所要准备着手帮助的事项，高校可以通过举办就业指导讲座、毕业生招聘会等，向毕业生提供企业的最新招聘信息，让毕业生对外部的就业环境有一个清楚的认识，帮助他们实现真正认识世界和自我，达到预期的状态，从而选择合适的企业，步入社会。

第四章　大学生就业指导

随着我国社会主义市场经济体制的不断完善、高等教育的快速发展，以及人事制度改革、毕业生就业制度改革的不断变化，毕业生的就业形势出现了不少新的变化。如何正确认识当前的就业形势和就业环境，对做好毕业生就业工作、确保毕业生顺利毕业具有指导的内容十分重要的意义。本章主要介绍大学生就业、就业信息的搜集与解读、大学生就业教育措施，同时对大学生就业时的笔试和面试技巧给出了策略，并对大学生如何防范就业求职陷阱进行了教育指导。

第一节　大学生就业指导概述

一、就业指导的定义

就业指导指高等院校根据社会的发展和时代的需求，按照国家、社会、职业结构、就业市场对人才综合能力的要求，探索大学生自身的兴趣、性格、价值观等特征，指导大学生制定科学合理的职业生涯规划，提高大学生的就业能力和就业水平，树立正确的就业观和职业理想，帮助大学生掌握职业所需的知识和技能，从而促进大学生顺利就业，实现职业目标的教育过程。

二、大学生就业指导的内容

（一）信息指导

信息指导是就业指导的基础，高校和各级就业部门要开展如下指导。
①形势政策指导。高校和各级就业部门应及时向大学生宣传国家及省、

市就业方针政策，让大学生充分了解就业政策，把择业行为置于政策允许的范围内，安全顺利就业。

②需求信息指导。高校和各级就业部门应全面、准确地搜集和掌握用人单位和毕业生的供求信息，并及时提供给双方，起到有效的信息桥梁作用，为用人单位服务，为毕业生把关，要求招聘信息具有真实性、时效性，大学生信息具有真实性、准确性。

（二）思想指导

思想指导是就业指导的中心，其内涵一般包括以下两方面。

①帮助毕业生树立正确的择业观，指导毕业生准确把握当前就业形势，使其确立与市场经济发展、与大众化高等教育相适应的就业观、择业观。毕业生应从自身实际情况出发，转变观念，自觉克服一定要去某些所谓理想的城市、理想的事业单位、理想的500强企业就业等脱离实际的想法，不要刻意追求一时的"完美"。目前中小微企业已成为吸纳大学毕业生就业的主力军。在"鱼"和"熊掌"不可兼得的情况下，可以先就业，然后在职业发展中选择从事的专业，进而在不断积累中成就自己的事业。

②帮助毕业生增强主动就业和勇于竞争的意识。就业过程中，高校教师可以提供必要的帮助，但主要还是要靠毕业生充分发挥主观能动性，要有强烈的求职欲望和竞争意识，要把就业过程既当作找工作的过程，又变成增强竞争意识、锻炼思辨能力、提高交往水平的过程；要牢固建立起自己已经置身于竞争十分激烈的人才市场的思想。任何市场，所具有的共同特点就是竞争，所遵循的游戏规则就是优胜劣汰，所以大学毕业生要勇于向用人单位推荐自己，大胆接受用人单位的挑选，承受用人单位的挑剔。

（三）技术指导

技术指导是就业指导的基本内容之一，一般包括以下几个方面。

①专业技能强化指导。不同专业的毕业生在就业前应该达到所学专业最基本的知识和技能要求。

②求职准备指导。一是心理方面准备。面临就业选择的大学毕业生，普遍存在着思想准备不足，有惶恐感，比较拘谨，甚至手足无措，有的因此而错失良机。针对求职中常见的现实落差较大、迷恋大企业、盲目攀比、自卑怯场、自负傲慢等心理问题，高校需要对毕业生开展心理调适指导，让毕业生客观评价自己，转变求职择业观念，树立良好的就业心态。二是信息资料准备。

一些毕业生不清楚各项有关的政策规定，不了解自己有哪些权利和义务，更不知道应该如何行使自己应有的权利。至于具体的招聘应聘程序、个人求职材料的撰写技巧、求职资料的有效整理和投递，都需要高校对毕业生进行必要的指导。

③面试技巧指导。毕业生在面试前可通过招聘简章或者招聘单位的网站提前详细了解用人单位信息，了解应聘岗位是干什么的、要求具备什么条件、工资福利待遇怎样、职业晋升渠道如何等，同时对可能的笔试、面试问答环节进行精心准备，使应聘更加具有针对性。对于被通知面试的人来说，给考官留下好的第一印象非常重要。因此，面试时要注意基本的交往礼仪、适当的言谈举止和得体的衣着打扮。应届毕业生参加面试，在衣着方面虽不要特别讲究、过分华丽，但也要注意整洁大方，不可邋遢。男士衬衫要换洗干净，皮鞋要擦亮；女士不能穿过分前卫新潮的服装。总之，着装要协调，要与所申请的职位相符。

第二节 就业信息的搜集与解读

一、寻找就业信息的途径

第一，院校信息。大学的毕业生就业办公室或毕业生就业指导中心，是高校大学生毕业就业工作的行政管理部门，与各部委和省市的毕业生就业主管部门及用人单位有密切的联系，社会需求信息往往汇集到这里。有的院系也会有就业信息集中发布的学院就业服务网页，那些信息大多来自学院所涉及的专业领域的对口单位。这些就业信息针对性强、可靠性高、大学生求职成功率大。

第二，人才交流会。这类活动有的是学校主办的，有的是当地毕业生就业主管部门组织的。交流会上是供需双方之间见面，不仅可以掌握许多用人信息，而且可以当场签订协议，比较简捷有效。

第三，就业信息服务网站。随着信息时代的到来，通过网络求职是目前主要的求职方式之一。网络平台将招聘信息及求职信息上网公开，用人单位和求职者可以通过网络互相选择、直接交流。

第四，社会实践。大学生在各种社会实践活动中，在了解社会、提高思想觉悟、培养社会能力的同时，要做一个收集职业信息的有心人。另外，还有一个很重要的实践环节——毕业实习，实习单位一般比较对口，通过实习可以直接掌握就业信息，在实习过程中与用人单位达成就业协议也是一个很好的就业途径。

在搜索职业信息的过程中，尽可能多维度地了解工作的情况，包括：关于岗位本身的，如工作的具体内容、工作环境、薪资待遇、组织文化；关于工作者的，如所需的教育水平、能力技能要求、从业人员具备的人格特征；关于工作发展的，如行业和岗位的发展前景、对个人成长的帮助、对生活的影响等。非毕业生提前了解和搜集关于职业信息的内容，对于未来的决策和准备，都是百利无一害的，可以采取的方法如下。①"影子行动"：如影随形地跟随一位优秀职场人一天至一星期不等地工作，了解工作实际情况。②"人物访谈"：寻找理想职业的优秀岗位人物进行访谈，关于职业要求和未来的发展，都可以是访谈的内容，在多次访谈中，加强对岗位的理解和认识。③"直接体验"：直接到职场实习，实习的正向、负向感受，都可以作为自我探索的资源，带着觉察心和"第三只眼睛"体会实习、兼职的实践过程。④"间接经验"：搜索网络信息平台，获取行业论坛、微博上关于职业分类介绍、公司岗位分工介绍、从业人员的感悟等二手经验。

二、解读招聘信息

要探索招聘信息所列的要求以及背后所暗藏的能力指向，需要先了解招聘信息是如何产生的。在一个单位中，有岗位空缺了，人力资源就需要对缺岗的人员进行招聘。招聘专员在面对草拟的招聘启事时，常常需要多问几个为什么，通过不同角度的问题来进一步掌握岗位的能力需求概况。例如，为什么这个岗位需要这些技能呢？对性别、家庭住址、毕业学校是否有一些隐性的特殊要求？同样的条件下，愿意优先录用哪一类人员呢？如果所定的标准没有合适人选，是否愿意降低标准呢？最低能接受的标准是什么？招聘启事是经历过人力资源专员几经调整、与缺岗职位领导几经核对后确定的文稿，因此，对招聘启事进行细致解读，确实能够洞悉文字背后隐含的能力指向。如下面的招聘启事。

某教育传媒集团，成立于2004年，是国内专业从事儿童文化、传媒、教育、娱乐产品的运营商。该集团整合了一系列少儿刊物的内容编辑和发行渠道，建立了一个全国范围的小学学校直销体系。招聘岗位及人数：市场文案专员1人。任职资格如下。

①汉语言文学、公关、新闻、师范、教育、市场营销专业本科及以上学历，有广告公司工作经验者优先考虑，男女不限。

②能独立完成项目策划方案、市场策划方案、广告策划方案、品牌推广方案、产品说明书等专业文案，熟悉品牌推广与维护。

③有强烈的事业心和开拓创新意识，对教育服务行业有浓厚兴趣并愿为之付出努力，有敏锐的市场意识。

④思维活跃、创新能力强，文字功底扎实，文笔优美流畅。

招聘启事中对应聘者的硬件要求：汉语言文学、公关、新闻、师范、教育、市场营销专业本科及以上学历；有广告公司工作经验者优先考虑；熟悉品牌推广与维护。招聘启事中对应聘者的软件要求：能独立完成方案的策划，文字功底扎实；有强烈的事业心和开拓创新意识；对教育服务行业有浓厚兴趣并愿为之付出努力；有敏锐的市场意识；思维活跃、创新能力强。

对于硬件要求，求职者可直接说明是否具备。对于软件要求，则需要提炼能力关键点：其一，能独立完成各项方案的策划，确实需要一定的实践经验，可以是实习经验，也可以是正式的工作经验，还需要有较好的文字功底；其二，具有强烈的事业心和开拓创新意识，对教育服务行业要有浓厚兴趣，需要具有吃苦精神和拼搏意识；其三，具有创新能力，思维活跃。

这样分析下来，自己原有简历和相关面试的陈述，就可以依照招聘启事里的硬件、软件要求进行调整和设计。例如，自己所学的专业是汉语言文学专业，在某传媒公司（或广告公司）实习过；在教育培训机构做过市场部经理助理，参与了4个推广项目的策划，积累了实践经验，历练了方案策划能力；自己在本科生阶段，连续两年暑假去贫困山区支教，对教育事业十分热忱，有吃苦精神和拼搏意识；曾在学校的创新创业大赛中获得"最佳创意奖"。上面的实践活动可以放在前面说，其他的实践锻炼，如爱好篮球，担任过篮球队队长，院系联赛过程中锻炼了自己的组织协调能力等，可以在后面简单提及。应聘者应聘的原则就是首先分析招聘岗位的硬件、软件要求，然后紧扣要求进行自身情况的分析和介绍，相关度最强的放前面，相关度弱的放后面，毫无关联的可以删除。针对每一个岗位，都需要对简历内容做具体的调整和修改，以免让用人单位觉得文不对题。

第三节 大学生就业教育措施

一、基于"大思想政治"格局构建"四位一体"引导场域

就业教育是全社会共同的事业，需要全社会共同参与、紧密配合。习近平总书记提出，办好教育事业，家庭、学校、政府、社会都有责任。党的十九届五中全会明确提出，健全学校家庭社会协同育人机制，这是我国教育事业"五育并举"和"三全育人"相结合的实现方式。笔者在调研中发现，当前思想政治教育的主要问题就是全社会参与就业教育的合力不够，协同能力不足。就业教育是一个需要多方协同配合形成教育合力的有机整体。要充分发挥社会、高校、用人单位、家庭的就业教育功能，使之紧密配合，协调发展，形成"四位一体"的协同就业育人机制，真正让全社会都担负起大学生成长成才的责任。

（一）社会要营造良好氛围

当今正处于近代以来经济和社会发展最好的时期。中华民族迎来了从站起来、富起来到强起来的伟大飞跃，比历史上任何时期都更接近、更有信心和能力实现中华民族伟大复兴的目标。大学生能否成为社会主义合格建设者和接班人，社会环境起到了重要作用。从2016年开始，政府工作报告连续提出"互联网+""数字经济""智能+"。

首先，要运用新媒体引导大学生树立正确的就业观。现代社会公民仅凭简单的一部手机，就可以随时随地传递最新新闻、最新图片、最新事件等，通过新媒体技术可以展现新闻宣传强大的传播力、影响力、引导力。例如，2020年新冠肺炎疫情防控期间，很多高校"停课不停学"，利用新媒体技术，线上授课，线上开展就业指导活动。新媒体技术作为推动就业教育的有效手段，全国很多省份、很多高校创新媒体宣传方式，用网言网语介绍就业活动，既激发了社会的高度关注，又让大学生获得实惠。2020年教育部通过官微"微言教育"等新闻媒介，推介"24365校园招聘服务"特色举措，为高校毕业生提供每天24小时全年365天的网上校园招聘服务，各地各部门各高校积极响应，开展了"我为毕业生带岗""名企高管谈就业"等活动，这些活动为疫情防控期

间做好 2020 届毕业生就业服务工作起到了非常好的效果。

其次，共同塑造公平公正的就业环境。"十四五"教育发展规划顺利实施的前提是要有公平公正的教育发展环境。近年来，高校大学生人数逐年增加，就业问题成为社会高度关注的话题，大学生教育已不再成为"天之骄子"的专享权利。所以，社会上一些人认为大学毕业即失业，给大学生留下不好的就业教育观念。客观地说，大学生从学校毕业后，有些人没有找到合适的工作，这是非常正常的现象。如北京大学某学生毕业后卖猪肉，成为当时社会热议的焦点话题，还引发了一些人对学历和大学生的吐槽，几年后该同学卖猪肉成为自主创业的典型人物，并获得了巨大成绩，受到社会的广泛好评。所以，社会对大学生的就业选择要给予包容和理解，并给予积极的回应，多给予大学毕业生信心和支持。同时，对于2020年新冠肺炎疫情带来的严峻的就业形势，社会上要多鼓励，给予大学生各方面支持。社会应鼓励高校大学生顺应时代发展，正确应对社会严峻的就业形势，学会调整就业心理，端正就业态度，树立与社会经济发展、国家发展需要相适应的就业观。

（二）高校要完善顶层设计，建立就业教育长效机制

高校作为培养人才的主阵地，要坚持中国共产党的领导，坚持和完善党委领导下的校长负责制，统一思想认识，明确责任分工，构建党委统一领导、党政齐抓共管、校院层层落实的"大思想政治"就业教育工作机制。做好高校就业教育工作，首先要构建"大思想政治"工作格局，学校主要领导要确实履行就业"一把手"工程，校领导班子成员要履行好就业相关责任，各学院院长、书记作为学院就业工作第一责任人，需履行好学院就业工作职责，制定责任清单，明确就业工作职责，从而形成全校上下齐上阵，共同为就业教育服务的工作理念。高校就业教育工作不仅是高校就业部门和就业指导教师的事，而且应成为高校各个部门、所有高校教师的共同责任。要构建"大思想政治"就业工作机制，就要动员全校教职员工、学校各部门各学院，共同演奏好高校就业教育工作的大乐章。校院两级党委要加强对高校就业教育工作的领导，为高校就业教育工作创造条件、提供支持，形成强大的工作合力。高校党委是高校就业教育工作的责任主体，要努力把就业教育工作贯穿学校教学管理和人才培养的全过程，建立健全统一领导、权责清晰、齐抓共管、分工明确、运转有序的就业教育工作机制。如果不能在顶层设计上加强领导，就很难改变就业教育管理松散化、条块化的现状。所以，高校要对就业教育做好制度设计和内容建设，综合考虑大学各年级学生的思想状况，要结合思想政治教育、就业教育育

人一致性的特点，发挥好大学生发展的特点，科学制定就业教育建设规划。规划中，既要体现大学生不同的阶段性特征，还要保证就业教育的连续性、系统性要求，要按照循序渐进、螺旋上升的规则，做好"大思想政治"格局下就业教育的顶层设计。

在开展大学生就业教育工作中，要始终坚持创新的就业教育理念，扣准时代脉搏，按照高等教育发展规律，创新思维、创新方法、创新思路，激发大学生就业教育的内生动力，探索就业教育的长效机制。各高校要根据学校教育的发展思路和发展规划，统筹推进思想政治教育和就业教育工作，从目标、思路、方法、路径等方面创思维，制定实施细则，真正建立起务实管用的"大思想政治"格局下的就业教育长效机制。例如，把就业教育全过程育人目标进行分解，根据大一、大二、大三、大四年级的不同特质进行教育内容、形式的分化，具体的就业教育工作要细化到人，落实到学校各部门各学院，明晰职责，量化到岗。

（三）用人单位要健全公平机制

高校大学生能否顺利就业、充分就业，最终取决于吸纳毕业生的主体——用人单位，而用人单位招聘毕业生的关键在于用人单位的用人观，而用人观又影响着大学生的就业观。用人单位应该以现实为依据，以未来为目标，健全公平公正的招聘机制，为大学生就业教育提供良好的招聘机制保障。

首先，健全校企合作的就业教育协作机制。十八大以来，国家大力提倡自主创新，用人单位要抓住有利时机，加强人才储备，加大高校毕业生招聘力度，提升毕业生能力水平，培养高科技人才。用人单位的人才储备应做好科学的规划，要主动与高校协作，结合不同岗位的职责和特点，按照不同岗位的发展战略，选好合适的人才，并根据本单位文化、发展战略，帮助大学毕业生建立工作后的职业规划，让他们了解本单位、了解自己，让大学毕业生在单位的发展中贡献自己最大的力量。例如，某大学与茅台集团联合建立了茅台学院，茅台学院围绕"茅台"品牌，把学院建成酿酒类高素质技术技能人才的培养基地、酿酒技术的研究基地、中国酒文化的传承基地、酿酒行业标准和政策的咨询基地。

其次，营造大学生公平竞争的招聘机制。用人单位要营造公平公正的招聘环境，让优秀人才主动报名、积极参加，愿意留在本单位发挥才干，与本单位共同发展。一方面，制定本单位招收大学生的管理制度，建立健全招聘信息公开制度，向社会及时公布拟录用岗位和岗位任职资格，设立专门咨询电话和监督电话，接受社会和大学生的咨询与监督。另一方面，为了增强笔试面试的公平性，用人单位要采用科学的考核方法，不仅要考核毕业生的专业水平，还要结合岗位特点和岗位的特殊要求，设置笔试面试题目；要确定科学合理的评分规则，建立严格的考核制度。例如，要按照结构完整的面试步骤进行准备，准备好结构化面试、非结构化面试的题目和评分标准，明确面试官提问的内容和顺序，规范好面试官的提问方式和评价标准。如果特殊岗位，在条件许可的情况下可以录音录像，以此督促用人单位面试官的责任意识和公平意识。

（四）家庭要构建和谐环境

家庭是社会的细胞，也是每个人人生中的第一所学校。对大学生而言，家庭既是他们成长成才的初始摇篮，也是他们在遭受坎坷困境、内心彷徨迷惑时寻求慰藉的永恒港湾，这种以血缘抑或婚姻关系为纽带所搭建的社会单位，构成了培养大学生个性特征以及引导大学生世界观、人生观确立与发展的第一课堂，对大学生就业观的初期形成发挥着决定性作用。

家庭教育的实质是家长通过自己的言行举止、道德修养潜移默化地感染、引导子女的观念、行为与品格，家长的教育理念正确与否、综合素质水平高低，直接影响着家庭教育的效果。因此，要扭转家庭教育"重智轻德"的偏差理念，提升家长教育素质水平。首先，在思想认知方面，家长要高度重视家庭教育的关键基础功能，充分意识到家庭教育对学校及社会教育的必要补充作用，主动通过书信、电话、视频、邮件等媒介渠道，与辅导员、班主任、专职导师等高校教育人员建立联系，与就业指导教师交流孩子就业观念问题，构建学校、家庭沟通机制，交流子女在校的学习、生活、人际关系、就业思想等情况，为高校引导子女价值取向提供更多信息。其次，在自我提升方面，家长要树立"活到老、学到老"的积极态度。自身要加强学习，如教育、心理、社会、法律等通识基础知识及就业相关知识，不断充实自我，以进取的学习精神感染、激励子女，从而产生良好的言传身教、榜样带动作用。

二、提升线上就业教育效率

在大学就业教育教学的过程中，教师要明确就业教育的重要性和实施要求，让学生善于发现生活中的就业问题，进而提高对职业的认识。教师可以通过线上交流的方式，帮助大学生建立对就业问题的正确认识，进而提高教师、学生及家长三者沟通的效率。教师可以引导学生思考在家庭环境、社会环境、学习环境中所遇到的职场问题，进而建立正确的是非观。如教师可以引导学生思考职业道德的案例，进而让学生思考不讲信用和讲信用所对应的结果。大学生要建立高度的诚信意识，并在今后的日常工作、学习中讲诚信、讲法治。大学生生活的家庭环境、社会环境、学习环境不同，大学各科教师都应该积极了解大学生的日常生活、学习、思想表现，并善于发现他们遇到的实际问题，帮助大学生建立对未来职业的整体认知。如班主任在开展就业教育工作时，会发现多数贫困生存在就业方面的问题，他们虽在知识储备方面占据一定的优势，但综合能力有待提高。部分贫困大学生学习能力强，但是不善于沟通，思想认识水平不高。教师在引导贫困大学生解决实际就业问题时，可以对大学生进行就业教育，并引导大学生采取积极的生活态度解决眼前的就业兴趣发展问题，整理可实施的就业能力提高计划。

三、构建大学生全程化就业指导体系

当前，在"互联网+"视域下，聚集各种资源与载体形成合力，有助于提高高校就业指导工作的效能，促进就业工作稳步发展，保障大学生就业质量。而构建大学生全程化就业指导体系有可能是高校解决现实问题的最有效的路径。

（一）全程化就业教育路径

开展"大学生职业规划与就业指导"课程的信息化教学，将该课程定位为面向全校所有专业开设的公共必修课，在大学生整个学习过程中可分成两个阶段实施。

第一个阶段安排在大一第一学期，也就是从新生入学开始，主要开展职业（学业）规划与素质意识的培育。第二个阶段安排在大二第二学期，也就是顶岗实习前结束，主要开展大学生就业指导与能力培养扩展的培育。

教学主要利用钉钉与蓝墨云班课平台开展线上授课，大学生可以利用手机、iPad等移动终端随时随地学习理论知识。同时结合创业"魔法"学堂、职业规划大赛、简历大赛、模拟面试大赛等常规化课外训练，激发大学生职业生涯发展的自主意识，帮助大学生树立正确的就业观，促使大学生理性地规划自身未来的发展，并努力在学习过程中提高就业能力和生涯管理能力。

（二）全程化就业辅导路径

通过包含就业指导师与就业信息员在内的辅导员定点进驻学生行政班级QQ群、微信群、易班等网络社交平台，定向、全程化负责解答大学生有关职业规划与就业疑惑，开展实时化的个性需求辅导。

同时在微信公众平台开设心理咨询预约入口，实现就业相关问题与心理安全问题诉求的全程化及时响应与交互，以网格化全覆盖体现就业辅导无时不在、无处不在。

积极组织并鼓励大学生参加"互联网+"大学生创新创业大赛，开展对参赛人员的针对性辅导，训练大学生的"互联网+"思维，以创新引领创业、创业带动就业，推动高质量创业就业。

（三）全程化就业服务路径

通过就业指导网、就业微信服务号形成"一网一微"就业服务网络平台，集就业政策、招聘信息、就业指南、档案查询等就业相关服务于一体。这能够为大学生提供整个学习阶段全过程的PC终端、移动终端双向协同的就业相关服务，使就业相关信息具有权威性，降低了大学生在就业过程中遇到虚假信息的风险，提升了就业服务的准确性、高效性与持续性。

（四）全程化就业管理路径

通过就业管理系统，实现大学生基本信息、就业推荐、就业去向、就业岗位、薪资水平、就业协议管理、就业率统计等大量就业数据的数字化管理，实现对大学生就业数据的规范化管理，配合国家、省对大学生就业实际情况的统计与掌握，宏观把握就业形势，及时制定与调整政策。

同时，就业数据的统计反馈也为高校动态调整教学、优化人才培养方案提供了依据，有助于实现就业管理提升，促进就业教育、就业辅导与就业服务提升的渐进式良性循环，从而持续提升就业质量。

上述四条路径是相互协同、相互促进的关系，这四条路径分别构成了"互联网+就业教育""互联网+就业辅导""互联网+就业服务""互联网+就业管理"四个功能模块，最终形成具有校本特色的"互联网+"视域下的大学生全程化就业指导体系。

四、实施大学生就业深度辅导

目前在全国高等院校范围内普遍开展的深度辅导，从理念的提出、政策的指导到实践的应用都备受关注，以深度辅导为载体深入开展就业指导工作的探索也正逐步展开。而就业指导本身也非一蹴而就，唯有依托深度辅导点滴融于日常才能真正达到润物无声、水到渠成，可以说，深度辅导和就业指导相互借力是高校工作发展的自然走向。

从工作模式上看，深度辅导是就业指导工作的有益补充。深度辅导贯穿大学生在校全程，即从入校伊始直至毕业离校，辅导员每学期至少要与学生进行一次面对面谈话，以深度辅导为载体开展就业指导，更有助于实现就业指导的系统性和渗透性，实现就业指导的全程化和过程式培养，将其贯穿大学生从入学到择业的全程，会使就业指导不仅是就业信息的传递、政策的引导，更有心理的疏导和全面的规划。此外，深度辅导面向大学生个体，通过面对面的深入交流，可以充分挖掘出每个大学生在就业过程中的实际需求，实现个体关注，引导自我认知。由此可见，将深度辅导的高频次和规律性融入就业指导工作，可以使就业指导工作既有动态实时性，又有长期可持续性，而深度辅导的点对点模式更能有效满足就业指导的个性化需要，不失为就业指导的有力抓手。

高质量就业指导工作要确保实现引导、激励和保障相结合的"三位一体"机制，培养师生对就业指导工作的认同感。高校在辅导员的一线实践中以深度辅导为工作载体，引导大学生就业指导从纵向深入型转为横向宽广型，帮助大学生放下心中樊篱，启发大学生自我思考、自我构建、引发共鸣，同时充分尊重大学生的个性和选择，增强其适应社会变化的主动性。

一是提倡理智和谐的就业观。就业形势的严峻已成广泛共识，对于毕业生非常关键的一环就是开拓多元化就业出口。因此，辅导员通过日常深度辅导及时引导大学生正确认识大中城市就业现状和中小城市发展趋势、全面掌握东部与中西部各类就业政策、积极利用各种就业信息渠道，选择适合自己的毕业方向，及早建立起以实现个人理智选择、和谐生活为目标的健康就业观。

二是激发成功择业的成就感。多彩的校园生活在大学生的人生中无疑会留下浓重的一笔，在毕业离校之际如何为自己完美收官、如何将多年来的校园成长内化为精神动力，在自主择业的过程中发挥所长、展现所能，激发出个人最大潜能，实现就业理想，在理想择业后激发出人生成就感，进而影响自己的一生，这将是跳出单纯就业本身的一种思考与探索。辅导员具体开展就业指导工作时，要充分发挥深度辅导的重要作用，加强全程式深入交流。另外，组织毕业季系列活动，以此为载体提升大学生成功择业、成就激发的意识。

三是鼓励饮水思源的感恩之心。母校教师的培养和教育、父母亲人的支持与养育、同学朋友的扶持和鼓励，这些都是毕业生就业过程中不可忘记的成长动力，即将走向社会的大学毕业生应该保有饮水思源的感恩之心，辅导员通过深度辅导启发学生、引导学生，将学校的毕业离校系列活动贯穿其中，教育引导学生用感恩的行为给师弟、师妹传授宝贵经验，用感恩的态度给母校发展提出宝贵建议。

五、政府完善大学生就业政策机制

我国现阶段正处于关键的社会及经济转型的重要阶段，同时在新冠肺炎疫情的影响之下，大学生的就业环境、结业条件并不乐观。有鉴于此，大学毕业生的就业问题已经发展成为社会性问题。而作为宝贵的人才资源，政府如何促进大学毕业生的就业，使其能够发挥自身的技能服务于社会是亟待解决的关键问题。尽管政府已出台了一系列旨在于促进大学生就业与自主创业的扶持性政策，但是归结于这些政策或具体措施的实施机制尚存一定的不足之处，导致政策实施的效果并不理想。因而，各级政府有必要继续研究出台相关的支持大学生就业的政策。

（一）开拓就业新渠道

政府鼓励高校毕业生通过多元化的就业渠道实现就业，与此同时，在不断拓宽高校毕业生的就业渠道这一方面，政府可以依托重大基础产业项目、新型产业、"互联网+"产业等来创设更多的就业岗位。除此之外，针对落户政策的限制，还可以牢牢把握住煤炭、电力、新能源、新材料等战略性新兴产业的落户机遇，在充分开展岗位调研与岗位需求分析的基础之上，制定具有更强竞争优势与吸引力的人才引进政策，吸引更多的人才来此落户，由此来进一步提升促进就业政策的落实成效。基于人才引进政策的成功经验，也就可以为拓宽大学生就业渠道提供一定的参考与借鉴，具体来看，可以提供以下两方面的借鉴：其一，积极拓宽第一产业与第二产业对于大学生就业的吸纳空间；其二，鼓励大学毕业生选择高新技术产业、战略性新兴产业就业，在这些产业中充分发挥其人力资本的价值，由此也就有助于增强就业的稳定性。基于上述分析，可以得知，政府可以通过不断发展当地经济，不断进行产业结构优化升级来创设更多的大学生就业岗位。与此同时，还应该将目光由第三产业转向高新技术产业、知识密集型产业、技术密集型产业与战略性新兴产业，依托这些产业的快速发展与扩张，为大学毕业生提供更多的优质就业岗位。

（二）规范大学生就业市场

1. 加强对高校的监督

首先，切实加强对高校专业设置情况的监管力度。高校在培育大学生知识技能方面有着不可替代的作用，而高效所设置的专业结构实际上在较大程度上决定了高校自身的就业质量。从实践层面来分析，也即高校专业设置情况与就业市场需求之间的匹配度决定了高校大学生的就业质量。基于此，高校设置的专业结构需要以市场需求为依据，专业学科的调整也需要紧密结合经济社会发展形势，增设市场上存在较大人才缺口的专业，砍掉已经被时代潮流淘汰的专业，不断优化专业结构。在这一过程之中，需要政府发挥其监督与引导作用，具体来看，政府主要通过对市场形势、产业结构变化、企业人力资源政策的收集与分析，督促高校进行专业结构的优化调整。

其次，切实加强对高校就业服务的监督。现阶段，高校的就业指导工作更多呈现出"空架子"式的形式化，采取的指导形式以及指导内容都较为简单，采取的指导形式主要包括就业讲座、谈话、政策咨询等，指导内容主要是政策法规解读、求职需求发布、求职技巧辅导，而欠缺对不同专业、不同求职预期毕业生的个性化指导。有鉴于此，还需要政府加强对这一方面工作的监管力度，督促高校不断完善其就业服务体系，督促其全面落实就业指导服务。

2. 加强对用人单位的监督

通过对用人单位的监督有助于进一步优化用人市场，进一步消除大学生在求职过程之中遇到的就业歧视问题。与此同时，政府通过切实加强对用人单位的监督，也可以督促用人单位在招聘过程中，尽可能地避免非重要因素（诸如性别、身高、毕业院校等）对岗位的影响，从应聘者的能力与综合素质等方面来考察其岗位胜任力。具体来看，可以通过在以下两方面的监督来规范大学生就业市场。第一，强化岗位胜任力分析工作。在进行人才招聘前，要科学、专业地进行工作分析，明确各岗位的要求与胜任力，在此基础上制定出相关岗位标准以及素质要求，尤其是在岗位任职资质中还要特别标注该岗位最看重的能力与素质，从而进一步提升招聘方案与企业实际需求之间的匹配度。而在招聘的过程中，还需要依据事先确定的兼具科学性与合理性的标准来进行考核，提升招聘工作的科学性与公平性，从而为高校毕业生创造一个公平开放的就业环境。第二，开展深度的校企合作。对于用人单位来说，也应该积极地参与到人才培养的过程中来，通过深度的校企合作，助力大学生就业能力的提高。具体来看，深度的校企合作，要求用人单位参与制定高校人才培养方案，参与到具体的教学活动中。除此之外，用人单位要为大学生提供更多的实习机会，在锻炼大学生的同时，也加强了本单位的宣传力度，从而吸引更多优秀大学毕业生到本单位就业。对大学生来说，对企业的了解程度越高，所做出的就业决定就更科学，后续出现离职倾向的可能性会越低。

第四节　大学生求职的笔试和面试技巧指导

一、大学生求职的笔试技巧指导

笔试主要是以书面问答的形式考核应聘者的学识水平的，通过笔试，用人单位可以了解求职者多方面的能力。为了能够更好地应对笔试，大学生应该做好充分的笔试准备，并掌握一定的笔试技巧。

（一）参加笔试的相关准备

笔试通常应用于大规模的员工招聘中，可以帮助用人单位在较短的时间内了解求职者的基本情况。了解笔试的相关知识和技巧，可以帮助大学生从容应对笔试，取得好成绩。一般来说，大学生准备笔试时应注意以下几个方面。

1. 平时认真学习

良好的笔试成绩来自大学期间的努力学习和知识积累。大学里不仅要学习专业课程，积累其他各方面知识，还要对社会信息有所了解。

2. 进行必要的复习

复习已学过的知识是准备笔试的重要方式。从考试的准备角度来分，知识可以分为靠记忆掌握的知识和靠不断应用掌握的知识，用人单位比较重视考核求职者对所学知识的应用能力。一般来说，笔试都有大体的范围，大学生可围绕这个范围翻阅有关的图书资料，并注意灵活运用知识来解决实际问题。

3. 保持良好的身心状态

参加笔试需要有良好的心理素质。大学生在临考前，一要正确评价自己，树立自信心，调整好心理状态；二要保持充足的睡眠，笔试前一天要注意休息。要适当参加一些文体活动，从而使高度紧张的大脑得到放松休息，以充沛的精力参加笔试。

（二）应对笔试的技巧

大学生在进行笔试时，可通过一些方法和技巧来消除紧张情绪，并提高回答问题的正确率。

1. 增强自信心

缺乏自信心往往会导致怯场。大学生应客观冷静地对自己进行评估，克服自卑心理，增强自信心。笔试与高考不同，高考是"一锤定音"，而笔试有多次机会。因此，大学生没有必要过分紧张，只需要适当放松心情，调整好精神状态去应试。

2. 掌握科学的答卷方法

笔试与学校的考试一样，有一定的答题方法。掌握科学的答卷方法，可帮助自己提高笔试成绩。总体说来，科学的答卷方法如下。

（1）通览试卷

大学生在拿到试卷后，首先应通览一遍，了解题目的多少和难易程度，以便掌握答题进度，合理安排答题时间；然后按照先易后难的顺序进行答题。

（2）难题及易错题的处理方法

大学生不要为难题所困而耽误时间，要尽可能留出时间对易错的地方进行复查，注意不要漏题。

（3）卷面效果

答题时行距和字迹均不宜太小，卷面字迹要力求认真、清晰。

（4）答题态度端正

笔试不同于其他专业考试，有时用人单位在意的并不仅仅是考分。大学生在笔试中展示出的认真的态度、细致的作风、新颖的观点也会大大提升被录用的可能性。

二、大学生求职的面试技巧指导

（一）简历制作技巧

在快速运转的人力资源部门，招聘者浏览每份简历的平均时间不超过15 s，要让招聘者在快速阅读自己简历的情况下，发现自己的核心竞争力和想要突出的重要元素，一定要讲究方法。下面介绍制作简历的10项要领。

①标明"求职意向"。这意味着，申请一个岗位，就要针对那个岗位进行简历的调整。明确的求职意向标识，对自己而言是一个提醒，对不同类别的岗位要有针对性的简历；对应聘单位而言，则是一份尊重。每投一个岗位之前，都需要有一份调整过的简历；一个人写简历的用心程度，反映出对求职岗位的热衷程度。

②"教育背景"的表述，需用倒叙的方式。也就是说，最近取得的学位写在最前面，这样重要的学历因素可以被快速捕捉到。

③"工作经历"和"校园实践"的整理。需要按与目标岗位相关联的重要程度对"工作经历"和"校园实践"进行排序，重要的、关联度大的"工作经历"和"校园实践"往前放，不重要、关联度小的"工作经历"和"校园实践"往后放；每一项"工作经历"和"校园实践"的表述注意多采用数字，重点突出、清晰明了。

④专业课程的介绍。原则上不需要写，除非是新增专业，或者是有辅修的交叉课程、专业外课程与目标岗位相关的才进行填写。

⑤"科研成果"，如果与目标职业相关，能够证明专业能力的才填写，如申请教师岗位，那么以往做过的课题、论文发表和学术竞赛等就是相关项目。

⑥"所获奖项"，按照单位的高低程度，进行相关的奖项罗列。切忌内容的堆砌，只有原则上有帮助的才写，如要应聘教师职业，那么相关学科的教师资格证就很重要。

⑦"爱好"方面，与职业诉求无关的不写，如"爱唱歌"等兴趣与"科研工作者"申请就毫无关系，不必填写。

⑧"自我评价"方面，有则添彩，简历一般为1页或2页，此部分的作用仅为填满整页。人力资源招聘人员也知道这部分主要是为表现求职者的自信。

⑨"求职信"，它的作用不大，但对真正锁定一个单位或岗位许久、观察深入、很有心得的毕业生，可尝试撰写。

⑩不建议通篇用表格做简历，表格式简历往往会因为格式布局而浪费一些页面空间，可以巧用横线、彩条线等隔开不同区域，清晰又简洁。

撰写和发送简历，是大学生很熟悉的，但说到管理简历的投放，可能有的大学生就会有疑惑。投了哪个单位、什么岗位、岗位有何要求、进度如何，这些问题看似简单，但当大幅度投放简历后，求职的进度管理就需要提上日程。

（二）面试中的自我介绍技巧

面试中自我介绍的核心，就是结合对应聘岗位能力需求的分析，用具体事例证明自己就是招聘方所需要的人，自己具备岗位要求的相关技能；真诚地展现自己有优势的方方面面，留意面试官所关注的要点，让面试官喜欢自己，同时注意分寸。有了自我介绍的良好开端，面试的历程就可以相对顺利地开展。

自我介绍的内容，大致包括两部分。第一部分，简单的背景介绍，即简单的个人信息介绍。第二部分，相关工作经验介绍。需结合对目标岗位的认识，梳理岗位需要具备的核心能力，并举几个与面试职位相关的工作经历或实习经历。

需要注意的是，要用具体事例向面试官证明3个"W"。也就是"做了什么"（What have you done）、"学到了什么"（What skills have you gained）、"达成了什么"（What have you achieved）。例如，简单笼统地说"我表达能力好"或"我勤奋肯干"，显然没有太大说服力，而需要摆事实、讲数字，如"我被破例允许以实习生的身份，在每天的晨会上做数据分析报告。在主动完成分配的工作之余，还在实习的两个月内，先后帮助同事完成了××、××和××三个设计方案。"需要注意的另一个方面是，要优先列举与面试职位联系紧密的经历，其他工作经历依相关度大小排序。例如，去投资银行面试，之前与金融相关的经历要优先陈述，营销方面的经历次之。

（三）面试礼仪

面试时，第一印象非常重要。第一印象除了外表，还包括第一次见面时的举止礼仪，如语言、神态、仪表、姿势等。在短短的面试过程中要将自己最好的一面呈现出来，不仅要表达出自己对本次面试的重视程度，还要体现出自己在言语表达、个性、性格等方面的优势，从而迈出求职成功的第一步。

1. 外在形象

求职的过程中，一定要整理好自己的形象。俗话说"人靠衣装，佛靠金装"，第一次见面时，面试官对自己的第一印象就是外在的，根据外在的形象，可以让面试者对自己形成一定的心理定式。它比简历更为直接、更能产生视觉和心理喜好效果。所以，大学生要根据自己应聘的岗位，选择合适的着装打扮。譬如，应聘的是时尚杂志的编辑，那穿中规中矩的西服不如穿当年的流行款更有效果；应聘的是商场管理人员，那要求发型、衣着和妆容必须到位，穿着不能太休闲等。不同的职业有着不同的着装要求和礼仪，如果有条件，最好提前了解一下招聘单位的工作人员的日常穿着要求，这样不容易出错。

2. 行为举止形象

在面试的过程中，行为举止要得体大方，具体是指坐姿、站姿、形态和说话时的手势等，要符合自己的身份、符合当时所在的场合和环境，并且能与语言等配合起来，力争做到大方、得体、文明。同时，在面试的过程中，不要让别人陪着，这会给面试官留下不自信、不独立的印象。在面试官提出问题后，不要犹犹豫豫、畏畏缩缩，要表现出自信和坦诚。

3. 守时礼仪

一般来说，招聘单位会提前几天通知去面试，自己要提前看好路线，预估好时间，为了避免突发状况，最好提前半小时到达，千万不能出现让对方等自己的情况。如果参加不了面试，也一定要提前告知对方。如果确实有特殊情况导致迟到，一定要提前打电话告诉对方，这是必备的礼仪。

4. 问答礼仪

在面试过程中，当面试官提出问题后，回答时要不慌不忙，用冷静的心态、正确的思维去回答。如果感觉不太好回答，可以用迂回战术，用委婉的语言或者岔开话题去回答。大学生应聘者向面试官询问的时候，要注意适度，不能问得太过。如薪资问题是个敏感的话题，要在面试官有意录用或者是与面试官交谈得不错的时候提问，一见面就问肯定是不合适的。

5. 告别礼仪

在面试结束的时候，一定要感谢对方给自己的面试机会，面带微笑和面试官再见，表示期待有回音。

第五节　大学生谨防求职陷阱的教育指导

一、了解就业中常见的求职陷阱

大学生求职过程中的陷阱，是指用人单位打着招聘的幌子骗取应聘人钱财、资料，或者招聘单位不遵守法律、不履行承诺给毕业生造成损失的行为。这种招聘单位巧立名目，设置种种陷阱，侵害了大学生求职权益，造成了恶劣的社会影响，给初入社会的大学生带来了严重的身心伤害。就业中常见的就业陷阱有以下几种。

（一）虚构招聘信息

某些不良机构和个人利用毕业生求职心切的心理以及缺乏相应求职渠道的现状，以介绍工作为名收取毕业生会员费、介绍费等。当毕业生交费后，这些机构或销声匿迹，或通过设置虚假就业信息等方式联系几个单位让毕业生去面试，再以"不合要求"等名义不予录用。更有甚者，以介绍工作为名，将毕业生骗入传销、诈骗等非法组织中。

（二）滥用、变向延长试用期

试用期是用人单位考核拟正式录用的劳动者是否符合岗位、劳动者对于拟就职单位是否适合自身预期进行双向深入了解的约定期限。《中华人民共和国劳动合同法》规定："劳动合同期限三个月以上不满一年的，试用期不得超过一个月；劳动合同期限一年以上不满三年的，试用期不得超过二个月；三年以上固定期限和无固定期限的劳动合同，试用期不得超过六个月。同一用人单位与同一劳动者只能约定一次试用期。以完成一定工作任务为期限的劳动合同或者劳动合同期限不满三个月的，不得约定试用期。"由于试用期的员工工资较低，加上大学毕业生在就业中的弱势地位，部分单位单方面延长试用期来减少员工开支。

（三）巧立名目乱收费用

部分企业在招聘中，以体检费、培训费、材料费、押金等名义收取求职者的费用。无论最终是否录用应聘者，费用都不予退还。国家劳动部门明文规定，用人单位不得收取应聘者报名费、保证金，体检应由应聘者自行选择正规医院完成，培训费用应当从公司成本中支出。

（四）规避签订就业协议与劳动合同

就业协议、劳动合同是劳动者和用人单位双方公平签订的，是用人单位承诺接收毕业生、毕业生同意去单位入职的真实意思表达，同时也是对毕业生劳动权益的保护。用人单位以口头协议、企业承诺、录用意向书、培训期满考核等形式或理由拖延，不与毕业生签订就业协议、劳动合同的行为，一定要引起毕业生的警觉。

（五）在合同中设立不平等条款

用人单位在劳动合同的订立中居于主导地位，在签订劳动合同时常常使用预先拟定好的文本。毕业生在签约前一定要仔细审核条款的每一项内容，对单方面有利于用人单位的条款一定要据理力争，否则一旦后期发生争议，将处于被动局面。

（六）套取应聘者个人信息或知识产权

部分不法企业套取毕业生身份证、手机号等个人信息后，将信息转卖给中介或挪作他用，造成毕业生个人信息的泄露。部分企业在招聘时要求毕业生提供相应的设计作品并占为己有，或另作他用，窃取创造者劳动成果。

二、增强求职陷阱防范意识

面对纷繁的求职陷阱，全社会需要完善人事管理和相关法律法规，进一步规范求职市场的秩序，加大对不法分子的打击力度。对毕业生而言，如果预先掌握了相关法律知识，仔细辨别、了解用人单位的资质，始终保持心理防范意识，即使面对再诱人的陷阱也不会轻易上当。为此，毕业生可从以下几个方面做好准备。

（一）加强对相关法律法规的学习

毕业生在求职前应当提前了解与求职择业密切相关的法律法规文件，如《中华人民共和国劳动法》《中华人民共和国合同法》《普通高等学校毕业生就业工作暂行规定》《中华人民共和国企业劳动争议处理条例》等，它们对毕业生择业求职时的权利、义务做了详细的规定。大学生在求职前主动学习这些法律法规，可以增强求职中独立思考、明辨是非的能力。当企业出现侵害劳动权益时，毕业生可以据此申请劳动仲裁申诉。

（二）树立正确的择业观

超出自身能力的期望值和过于功利的择业观会使毕业生在择业时，把经济收入、面子等因素放在优先考虑的位置，不能客观地评价自己，最终迷失方向，在择业时被眼前利益蒙蔽了双眼，造成落入不良企业设置的以高薪加以诱惑的陷阱的后果。

（三）保持良好的择业心态

再美丽诱人的陷阱都不会天衣无缝，甚至有的本身就漏洞百出。然而不少毕业生在求职时缺乏良好的择业心态，出现了对客观事物的认知偏差，心态失衡、急于求成、患得患失，失去了应有的自主判断力，盲目轻信用人单位的承诺。所以，大学生在毕业时要保持良好的择业心态，才能取得就业的成功。

（四）从正规渠道搜集就业信息

毕业生面对鱼龙混杂、良莠不齐的就业信息时，须擦亮眼睛，去伪存真。一般来说，通过高校就业指导机构或当地毕业生就业主管部门组织的招聘会、正规权威的人才招聘类专业网站等途径获取的就业信息可信度相对较高。毕业生在投递简历前应多渠道、全面充分地了解用人单位的情况，如有学长学姐、亲朋好友在公司或行业内，可以委托打听，也可以向就业指导老师咨询了解。

（五）注意人身及财产安全

不良企业对毕业生设置的就业陷阱，针对的是毕业生人身或财产的安全。对于女性求职者而言，用人单位通常应将面试安排在白天，地点也大多在用人单位内。面试的时间、地点一经确定，没有特殊的原因一般不会改变。对于不合理的面试要求，求职者要勇于拒绝。如果是去外地面试，通常建议毕业生结伴前往，时刻保持与学校、家人的联系。同时，招聘面试是一种双向选择的机会，不应涉及各种名目的费用。对于用人单位的收费行为，毕业生应当格外擦亮双眼，谨防受骗。

（六）谨慎提供个人信息与作品

毕业生依照用人单位要求提供身份证、银行卡、个人照片等包含个人信息的资料时，务必谨慎。若用人单位需要留存复印件，毕业生可在复印件上注明"本复印件仅供招聘使用"。设计类毕业生在向用人单位提供个人资料时，要注意知识产权的保护。

（七）仔细审阅合同条款

签订就业协议、劳动合同是就业的最关键环节。签约是明确签约双方权利与义务的一种法律行为。毕业生作为具有民事行为能力的成年人，一经签名，合同便具有法律效力。因此，毕业生在签约前应对工作岗位、工作地点、工作内容、服务期限、劳动保护、工资报酬与福利待遇、劳动纪律、协议终止的条件、违反协议的责任等条款仔细审阅，逐句阅读，确保公平公正，必要时可以请老师、家人、律师帮助把关。签约后，毕业生应妥善保管自己留存的合同，作为出现劳动争议时维权的证据。

总之，毕业生要提前掌握相应的法律法规知识，增强求职防范意识，掌握防范对策，学会合理拒绝与维护权益。

第五章　大学生创业指导

创业不是跟风，选择一个前景光明、长期需要的项目是关键。在当前"大众创业、万众创新"的号召下，很多有想法的大学毕业生加入了草根创业的浪潮。国家也出台了很多政策措施，扶持大学生创新创业，这大大激发了更多大学生的创新创业热情。但仅有激情往往是不够的，由于缺乏经验，很容易盲目跟风，最终导致创业失败。大学生自主创业是"大众创业"的重要内容，在高校开展大学生创业指导教育，对大学生自身发展与成长，以及社会发展、国家繁荣都具有重大的现实意义和深远的历史意义。本章主要介绍大学生自主创业准备指导、大学生创业启动与实施指导、大学生创业资源整合指导、大学生创新创业教育措施等。

第一节　大学生创业指导概述

一、创业的定义及内涵

创业，是一种广泛而久远存在的社会活动，国外著名经济学家熊彼特曾说创业是创造价值。从学科角度而言，创业显然属于工商管理的范畴。关于创业的概念，创业界和学术界有不同的意见，可以说仁者见仁，智者见智。

在我国，创业，古为开创基业之意。张衡《西京赋》中"高祖创业，继体承基"，所创之业为帝王之业、霸主之业。孟轲《孟子·梁惠王下》中"君子创业，垂统为可继也"的"创业"指的则是君子之业、立本之业。诸葛亮在《出师表》中痛心疾首地写下"先帝创业未半而中道崩殂"，这里的"创业"指汉室。在中国传统文化中，"创业"一词多指的是广义的创业，即开创未来的事业，无论是盈利性的或非营利性的，只要是对社会发展有一定积极影响的开创性活动，均可称为创业。

我国学者郁义鸿等认为："创业是一个发现和捕捉机会并由此创造出新颖的产品或服务和实现其潜在价值的复杂过程。"创业必须投入时间和付出努力，承担相应财务、精神和社会带来的风险，并获得金钱的回报、个人的满足和独立自主。

国外对创业的关注多是从商业视角出发的。有"创业教育之父"之称的蒂蒙斯认为："创业是一种思考、推理和行为方式，这种行为方式是机会驱动、与领导相平衡的，并注重方法。"哈佛大学霍华德·史蒂文森教授定义创业："创业是不拘泥于当前资源条件限制下对机会的追寻，组合不同的资源以利用和开发机会并创造价值的过程。"谢恩和文卡塔拉曼则将这一概念细化，指出创业就是"机会的识别、开发和利用的过程"。

当今，美国学者帕尔特·蒂·维罗斯教授把创业概念延伸到从人们创业意识产生之前到企业成长的全过程。他认为，创业应该分为四个阶段：创业未成年；创业行动开始之前；开始创办企业；企业成长。创业未成年就是创业意识萌芽阶段，创业者心里有创业的冲动，只是还没有找到合适的机会。当机会出现后，创业欲望加强，开始进行各种准备活动，便进入第二个阶段。接着，创业者或者独自一人，或者组建创业团队，开始进行市场调研，拟定创业方案，融资、注册登记、建厂生产，提高产品或者服务质量。最后，企业进入发展成长期。

基于前人研究基础，集合当下前沿学者对创业的研究，笔者所理解的创业是指创业者为了寻求更大价值对已拥有的或是未来可获得的资源和条件进一步整合优化的过程，包含企业型创业、内部型创业、社会型创业、政策型创业，由此，创业既包含为追求利润而发起的企业型创业，也包含非追求经济利益的社会型创业、政策型创业等。

对于创业的内涵，可以从以下四个方面理解。

第一，创业是一个复杂的创造过程。它创造出某种有价值的新事物，这种新事物不仅对创业者本身有价值，而且对社会也有价值。价值属性是创业的重要社会属性，同时也是创业活动的意义和价值所在。

第二，创业必须贡献必要的时间和大量的精力并付出极大的努力。要创造新的有价值的事物，要完成整个创业过程，就需要花费大量的时间和精力。而且创业活动的初期大多是在非常艰苦的环境下进行的。

第三，创业要承担必然的风险。创业的风险可能有各种不同的形式，取决于创业领域和创业团队的资源。创业者应具备超人的胆识，甘冒风险，勇于开创多数人望而却步的风险事业。

第四，创业将给创业者带来回报。创业带来的回报，既包括物质的回报也包括精神的回报，它是创业者进行创业的动机和动力。作为一个创业者，最重要的回报可能是其从中获得的独立自主，以及随之而来的个人对于物质财富的满足。

二、创业的意义

高校毕业生是实施创新驱动发展战略和推进"大众创业、万众创新"的生力军，高校毕业生创业就业是教育领域重要的民生工程。在高校大力开展创新创业教育，有助于大学生树立创立事业、成就事业信念，形成服务于社会主义现代化建设的人生观和价值观；有助于增强大学生服务国家人民的社会责任感、勇于探索的创新精神，提升善于解决问题的实践能力；有助于激发大学生的学习兴趣和创业热情；有助于促进大学生个性化的发展和综合素质的提高。随着精英教育向大众化教育的发展，特别是近几年，全国普通高校毕业生人数逐年增加，就业形势越来越严峻。因此，高校加强创业教育，培养大学生的创业精神、创业能力，鼓励大学生到生产一线积极创业，无疑是解决大学生就业问题乃至社会就业问题的一种行之有效的途径。同时，创业是大学生开创事业的实践活动，是一种个性化的创造性社会行为，它能把人生理想转化为社会现实，最大限度地实现自身的全面发展，成就自身创造价值。同时创业是一个复杂、艰难和极富挑战性的过程，大学生在创业的实践活动中，能大幅度地提升自身素质，培养开拓进取、奋发向上的积极人生态度。因此，大学生创业具有重大的现实意义。

（一）有利于缓解大学生的就业压力

培养创业能力有利于解决大学生就业难的问题。创业能力是一个人在创业实践活动中的自我生存、自我发展的能力。一个创业能力很强的大学毕业生不但不会成为社会的就业负担，相反还能通过自主创业来增加就业岗位，以缓解社会的就业压力。

（二）有利于大学生谋求生存与自我价值的实现

大学毕业生通过自主创业，可以把自己的兴趣与职业紧密结合，做自己最感兴趣、最愿意做和自己认为最值得做的事情，在五彩缤纷的社会舞台中大显身手，最大限度地发挥自己的才能。

（三）有利于大学生实现致富梦想

当前，大学生的就业观念正在悄悄地发生改变，一个鼓励创业、保护创业、崇拜创业的大环境正在逐步形成。原先由政府包揽的就业和创业活动逐渐被市场取代，产业结构调整带来的巨大创业机会，以及政府出台"创业带动就业"的政策，促使大学生创业潜流涌动，大学生通过自主创业实现致富的机会大大增加。

（四）有利于促进中小企业的快速发展

从国际经验来看，等量资金投资于小企业，它所创造的就业机会是大企业的4倍。一个国家有99.5%的企业属于小企业，65%～80%的劳动者在其中就业。美国对中小企业的发展一直比较重视，称其为"美国经济的脊梁"，美国企业创新产品中82%来自中小企业，而我国小企业数量较少。因此，鼓励大学生自主创业有利于中小企业的快速发展。

（五）有利于培养大学生艰苦奋斗的作风

大学生自主创业的过程中，困难和挫折，甚至失败都在所难免，这就要求自主创业的大学毕业生必须具备顽强的意志和良好的品格，勇于承担风险，自立自强，艰苦拼搏。

（六）有利于培养大学生的创新精神

创新是一个民族的灵魂，是一个国家兴旺发达的不竭动力。青年大学生作为我国最具活力的群体，如果失去了创新的冲动和欲望，那么中华民族最终将失去发展的不竭动力。创业活动，有利于培养大学生勇于开拓的创新精神，把就业压力转化为创业动力，从而培养出越来越多的各行各业的创业者。

三、创业的功能

在建设创新型国家战略的推动下，创业具有实现经济转型、实现人生价值、带动就业、提升创业者素质的重要功能，同时也是解决社会问题的重要路径。

（一）挖掘新要素，实现经济转型

当前中国的经济由中高速增长迈向中高端水平，经济增长水平总体放缓，创新创业成为新的经济增长点。习近平总书记在十九大上提出："激发和保护企业家精神，鼓励更多社会主体投身创新创业。"创业不仅是创业者个人价值实现的重要途径，也是助力中国在经济转型过程中飞速发展的一个杠杆。

我国创新创业蓬勃发展，大众创新、草根创新、蓝领创新、创客创意、众创空间等创新创业新形式层出不穷。在激烈的创业热潮中，创业者各自发挥企业家才能，利用社会网络、新技术、新的商业模式等，在市场中获取竞争优势，推动企业发展。随着创业者的各种生产要素的投入、创新创业政策体系的不断优化、创新创业投资引导机制的不断完善，整个社会对创新创业给予了极大支持，推动了市场经济的多元化发展，有助于我国的经济转型顺利实现。

（二）创造财富，实现人生价值

打工富裕一家，创业富裕一方。创业带来的财富效应极为显著。2021年3月2日，胡润研究院发布的《2021胡润全球富豪榜》显示，中国电商拼多多创办人黄峥（41岁），财富为4500亿美元，超过马云，位列中国第三。2021年，腾讯创始人马化腾身价4800亿元，中国排名第二。普通创业者也收获了创业带来的财富。当然，对于创业者而言，创业的最初目的并不是单纯为了追求经济财富，更多的是为了实现人生价值。马斯洛的需求层次理论显示，实现自我价值是人的最高追求。

（三）带动就业，提升社会福利

就业是民生之本，创业是就业之源。创业、就业问题始终是政府关注的头等民生大事。在近年的两会政府工作报告中，创业、就业依然被列为政府重点要抓好的民生工程之一。对于大多数创业者而言，创业初期都是从小微企业做起的。小微企业在市场经济中的位置相当于人身体内的毛细血管，虽然细小且力量薄弱，但数量庞大、覆盖面广。在中国，小微企业为全国贡献了80%的就业岗位，70%左右的专利发明权，以及50%以上的税收，国内生产总值占60%以上，是中国经济发展的重要力量。鼓励创业不仅能缓解大学毕业生的就业压力，同时能够为社会提供更多的就业岗位，带动整个社会的就业，提升社会福利。

（四）培育创业精神，提升创业者素质

创业精神是一种奋发向上、积极努力、追求进步的精神状态，具体表现为创新精神、拼搏精神、进取精神、合作精神等。创业精神是企业发展、社会进步、经济腾飞的重要精神力量，是中华民族复兴的伟大动力，也是一个成功

的创业者必须具备的精神。

对于创业者来说，创业是一个知识、技能、心智、社会关系等全面提升的过程。但并不是所有的创业者在一开始就具备良好的领导力、商机意识、冒险精神、应变力、决策力等创业素质，他们大部分都是"从0到1"逐渐成长起来的。创业对于创业者来说是一种十分宝贵的经历，不仅会影响创业者的职业生涯，甚至会影响创业者一生的价值追求。

我国有句古话叫"学以致用"，一般强调先学后用。但在现实生活中，特别是在创业过程中，机会不等人，更多的是边用边学，甚至是先用后学。因此，创业对于创业者来说，不仅是创业者主动去学习商业、技术、管理知识，提升自己的领导力、决策力、应变力等素质，更多的是创业进入某一阶段需要某些知识和能力时，那些具备创新精神、进取精神的创业者会选择不断提升自己的知识、技能和素质。总之，创业对于培育创业者创业精神、提升创业者素质有着重要作用。

第二节　大学生自主创业准备指导

一、创业模式与领域探索

创业模式是指创业者为保障自身的创业理想与权益，而对各种创业要素进行合理搭配，即创业组织形式、创业行业的选择等。大学生在分析创业环境和自身条件后，如果想创业、能创业，就需要选择适合自己创业起步的创业模式和领域。对大学生创业者来说，选择一个适合自己的创业模式，可以省去创业过程中不必要的麻烦。选择适合自己的创业模式，是创业成功的关键。创业模式有很多，创业者需准确判断自身的优势和劣势，选择最适合自己的创业模式，以减少创业过程中所遇到的不利因素。适合大学生创业起步的创业模式主要有以下几种。

（一）小微企业

大学生创业多数属于白手起家，其创业过程是从无到有，即先学习经验，进行资本的原始积累，待条件成熟后，再从小规模的企业开始做起。这种方式是最艰苦的，成功率也较低，要求大学生创业者必须具备超强的耐受力。

该类模式要想取得成功需要具备4个条件：广泛的社会关系、好的项目或产品、良好的信誉和人品以及吃苦耐劳的精神。

（二）代理创业

代理是一种很常见的创业方式。所谓代理创业就是借助其他公司的商品和品牌，自己打造一个单独的平台来销售商品的创业模式。这种经营模式适合初次创业者，可以帮助大学生创业者学习更多的专业知识和积累创业经验。

现在很多厂商并不直接面向消费者进行终端销售，而是选择代理商，由各级代理商进行终端销售。因此，要想加入某厂商市场体系，或是代理销售某厂家的产品，大学生创业者就必须找到合适的厂商。

（三）加盟创业

加盟创业是采用加盟的方式进行创业，一般方式是加盟开店。调查资料显示，加盟创业成功的概率较高，在相同的经营领域，个人创业的成功率低于20%，而加盟创业的成功率高达80%。

加盟创业的关键是选择加盟商。因为加盟创业并不是根据创业者自己的产品、品牌和经营模式来创业的，而是借助和复制别人的产品和经营模式，所以加盟产品质量的好坏直接决定了大学生创业者的创业前景。一般来说，选择加盟商应该从行业、品牌等方面进行考虑。

选择有活力的行业。有活力的行业更具有发展的空间，能提供持续的市场需求。目前较活跃的加盟代理行业有很多，主要为家居建材、餐饮美食、服装饰品、汽车销售、汽车美容、洗衣、美容美体等行业。

选择有生命力的品牌。品牌是企业产品质量和内在品质的象征，一个好的品牌能得到消费者的认可和推崇。因此大学生创业者在选择加盟品牌时要有清晰的定位，以保障加盟店稳步发展与持续盈利。

（四）网络创业

网络创业就是通过网络来创业，是目前十分新潮的一种创业方式，主要包括网上开店与网上加盟，通常适合技术人员、大学生和上班族。调查显示，超过80%网络创业者的年龄在18~30岁。

随着互联网技术的发展，网络创业的门槛大大降低，越来越多的人选择了网上开店或微商加盟的方式来创业。前期投入少、创业成本低，这是大部分人选择网络创业的原因。

（五）在家创业

在家创业也称SOHO（Small Office/Home Office），准确地说，是创业者独立工作，不隶属于任何组织。该类模式的优势在于时间安排自由，既能赚钱又能照顾家庭。自由撰稿人、音乐家、画家、平面设计师、自由摄影师、美术编辑、职业玩家、网站设计人员、网络主持等都是具有代表性的在家创业方式。

（六）兼职创业

兼职创业是指在已有的工作基础上进行二次工作。兼职创业要求创业者根据自己的实际情况选择合适的兼职。

兼职创业的职位有高有低，需要大学生创业者根据自身的能力或机遇而定。但不管做什么兼职，都能够锻炼大学生创业者的创业能力并使他们积累创业经验，同时还能获得一定的薪资报酬。最重要的是，兼职创业能在无须放弃目前工作的情况下，很好地为大学生创业者提供创业机会。

兼职创业的规模一般较小，但仍然需要大学生创业者像全职创业那样去尽心尽力地筹划，不能因为它不是正职就把它当成业余爱好。除此之外，大学生创业者还可以选择一些对时间要求不太严格的项目来进行创业，如在线销售、虚拟助理、国际代理、设计、写作等。

二、创业的自身准备

（一）创业的必备条件

大学生创业必须具备多个条件才有机会取得成功。下面对几个必备条件进行简单介绍。

1. 资金准备

所谓"巧妇难为无米之炊"，有近一半的大学生认为资金是创业的拦路虎，没有资金，再好的创意也难以转化为现实的生产力。在获取资金前，大学生首先得明白自己需要多少资金、如何获得资金、资金的来源渠道。

2. 可行性想法

创业项目最重要的是要有可行性、市场性和成长性，而不是纸上谈兵。

3. 基本技能

大学生创业，自身应当具备创办企业和管理企业的各项能力。

4. 技术和知识

用智力换资本是大学生创业的特色之路。一些风险投资家往往就因为看中大学生所掌握的先进技术，而愿意对其创业计划进行投资。因此，打算在高科技领域创业的大学生一定要注意技术创新，开发具有独立知识产权的产品，吸引投资商投资。除此之外，大学生创业者不能仅有创业的理想，还需要具备创业所需要的各种知识。

5. 才智

创业者不仅要能把握时机、做出决策，还要善于识人、用人。翟鸿燊说："用人之长，天下无不用之人。用人之短，天下无可用之人。"所以，作为一个创业者，大学生必须有足够的才智去相人、识人、用人。

6. 人际关系

创业者应当充分挖掘人脉资源，赢得尽可能多的支持。特别是大学生创业者，更要利用自己的年轻优势去开拓属于自己的人脉关系，因为人脉是企业未来发展的动力之一。

7. 明确的目标

明确目标就是明确创业者为之努力的方向，拥有一个明确的目标能为创业者提供动力。

案例：校园里走出的创业者们：旋转在指间的"陶艺梦"

2013年，两个来自农村的"90后"大男孩，他们都是陶艺狂热爱好者，毕业后俩人在昆明凑齐5万元成立了"爱雅陶艺"工作室。虽然他们在大家云集的云南陶艺界名不见经传，但却以勇于创新的锐气赢得了业界前辈的肯定。

1. 陶艺大赛中崭露头角

朱国军，云南民族大学2009级美术学陶艺专业毕业生；杨伟，云南师范大学2009级艺术设计专业毕业生。两个在普洱江城的家中"玩泥巴"长大的男生，在上大学以前从没想过要以陶艺工作为生，直到2011年第一次在云南省首届陶瓷艺术作品大赛中崭露头角。

2011年，云南省首届陶瓷艺术作品大赛举行。这次大赛云集了刘也涵、谢恒、田波等业界大师，可谓竞争激烈。当时还是在校大学生的朱国军也带来了他的作品——《面具》，与陶艺大师同台竞技。

朱国军的《面具》是一个中空的人物面具造型，它突破了传统面具平面和半弧形的模式，高约55 cm，最宽处直径约25 cm，夸张的手法给人强烈的视觉冲击。在面具图案设计上,朱国军凭借自己对陶土的理解,融入了云南的东巴图腾文化元素、民族图案中蕨草的图案元素,并引入非洲木雕夸张的表现形式,使得传统与现代完美融合,给人以耳目一新之感。

正是凭借强烈的视觉冲击和极富创新性的设计,《面具》一举获得大赛铜奖。这一次获奖,让朱国军对自己的陶艺作品信心大增,也正是这一次获奖,让他有了创业的念头。此后,朱国军参加了很多比赛并频频获奖。作品《土陶靠椅》在"云南民族大学'元盛杯'民族民间工艺品创新大赛"中获得最佳创意奖;作品《卷边荷叶茶盘》在"云南省首届大中专院校师生旅游手工艺品和工艺设计大赛"中获得三等奖。

2. 破旧工棚里建立工作室

2012年,读大三的朱国军用家里给的学费买了一台拉坯机、3吨陶泥、1辆电动车,约来高中同学杨伟。两个人开始做一些陶艺挂件、手工艺品,然后用电动车拉着到昆明理工大学门口摆地摊。

"那时一天可以卖一百来块钱。"朱国军和杨伟一边学习,一边开始了他们的"地摊生意",积累了最初的创业经验。

2013年,读大四的他们持续创作,用料不拘一格,造型充满想象力,又充分融入民族元素。2013年7月,两位大男孩从学校毕业,东挪西凑了不到5万块钱,毅然决定在昆明成立自己的陶艺工作室。"当时最头疼的是找地方,宽敞的地方租金贵,而我们的资金有限",杨伟回忆道。后来,他们通过网络找到了位于新河村的一个旧工棚。虽然那里破旧到没有一个完整的窗子,四壁漏风,但却足够摆放他们的气窑、原材料、拉坯机以及成品。于是,两个大男孩就在这里开始了真正的创业。

3. 竹编工艺嵌入陶艺,大放异彩

在那里,虽然条件艰苦,但是两个大男孩的内心是火热的。"从小就接触竹编的生活用品,自己也编过,于是就想到了用陶泥来表现竹编工艺",朱国军指着一个茶壶介绍道。

这个茶壶的形状是传统的,但因为引入了竹编的图案而变得与众不同。茶壶壶身的下半部分是竹编图案,这个造型要先将陶泥做成条,再仿传统竹编工艺的方法进行编织,然后靠泥与泥之间的黏性粘合起来。整个工艺品为手工制作,很考验制作者的水平。配合茶壶壶身的竹编图案,壶嘴和把手都引入竹节元素,再结合紫陶本身能烧出的古铜色和象牙黄色,使得茶壶或古朴,或自然,让人爱不释手。在2013年的文博会上,"爱雅陶艺"的竹编系列产品大放异彩。

在2016年8月9日举行的新一届文博会上，朱国军和杨伟带着他们新的竹编系列陶艺作品以及高山流水荷叶香道作品参加。他们认为，创新才是陶艺的生命所在，而他们的创新之路，才刚刚开始。

（二）创业的知识储备

1. 管理知识

一个管理有序的企业应该是先保证企业"做正确的事"，然后才是努力地"把事做正确"。创业初期可能要靠大学生创业者的眼光与勇气来排除万难，积极投身于创业领域，而一旦企业步入正轨，就需要管理者具有一定的管理能力，而这种管理能力往往来源于大学生创业者的知识储备。

作为在校大学生，除了学好本专业知识，还应该多学习一下管理学这门课程，即使以后不创业，管理也与大学生日后的生活息息相关。大学生不妨在进入大学后，积极竞选班委，参加各类学生会和社团组织，有机会可以到辅导员办公室从事学生助理工作，这些都可以让自己得到锻炼，学习到各个组织、不同层面的管理知识。

2. 营销知识

营销知识是大学生创业者创业过程中经常用到的知识，这需要大学生创业者在创业前就认真学习和运用。在校大学生在日常的学习过程中不会过多地接触营销知识，但是可以去图书馆阅读有关营销案例的书籍，旁听管理专业的营销课程，或者利用寒暑假到一些企业从事兼职营销工作，参与企业的市场调研、产品渠道开发、公关促销等一系列活动，通过这些工作，让自己在创业前不断积累营销知识。

3. 财务知识

创业需要创业者具备一定的财务管理知识，如启动资金需求的预算。一个正规的企业必须让"财务报表说话"。不少准备创业的在校大学生比较缺乏财务管理知识，最终导致启动资金需求的预算不准确，成本核算不全面，企业账目混乱。因此，预先了解和学习一些基本的财务知识是非常有必要的。建议大学生多参加一些财务相关的管理知识培训，如财政系统提供的会计从业职业资格培训，这是现在高校大学生培训中比较热门的财务知识培训。大学生还可以在一些社会培训机构中参加手工做账方面的培训，同样也可以增加财务知识。

（三）创业的能力具备

大学生如果想在创业方面取得一定的成功，至少应具备六大能力：领导能力、协作能力、专业能力、社交能力、规划能力以及创新思维能力。

1. 领导能力

创业者作为事业起步的"领头羊"，必须具备一定的领导才能和人格魅力。出色创业团队的产生，是因为有一位优秀的领导者。大学生创业者本身需要具备一种感召力和吸引力，通过这些力量的融合，使自己的队伍努力为企业奋斗与付出。

领导力的培养主要与行业知识、人际关系、技能、信誉以及进取精神等多个方面相关。一个优秀的大学生应在学习与社会实践两个方面都表现得很出色。除了平时学好专业知识外，大学生还应该多参加学校组织或社会实践活动，如学生会组织、班委会组织、大型比赛活动等，这些都可以锻炼自己的领导能力。

2. 协作能力

俗话说"一个好汉三个帮"，创业是一件富有挑战性的工作，仅仅靠一个人单枪匹马是很难做成的，需要有一个出色的团队作为支撑。

因此，大学生创业者可以尝试联络周边与自己有共同理想和追求的同学，形成合力，共同面对挑战。人脉关系的好坏关系到团队能否顺利组建以及团队组建后是否团结一致。"团结就是力量"，团结协作能力是每个创业者应该具备的能力。

3. 专业能力

专业技能是大学生创业的一条特色之路。对于打算创业，但创业资金不够雄厚的大学生来说，采取加强技术创新和开发具有独立知识产权的产品的方式，可以吸引投资商，获取资金进行创业。

4. 社交能力

对大学生创业者来说，利用人脉来扩大社交圈，通过朋友掌握更多的信息、寻求更大的发展，将成为成功创业的重要途径。尤其是随着互联网、移动社交时代的到来，创业者的社交能力变得越来越重要。

5. 规划能力

没有任何创业经验的大学生，首先应该学会按照自己的创业规划撰写创业计划书，然后根据实际情况审视创业计划的可行性。

6. 创新思维能力

创新思维是思维的一种。钱学森曾认为创新思维是人类智力的核心，创新思维也是形象思维和抽象思维的综合运用。实际上，创新思维是一种具有开创意义的思维活动，是人类认识开拓新领域和开创新成果的思维活动，它往往表现为发明新技术，形成新观念，提出新方案和决策，创建新理论。

创新思维的形成是一个系统工程。一般认为，这个系统包括心理状况、创新意识、知识结构、外部氛围等子系统。许多研究资料表明，这四个方面都是创新思维的必要条件，但并不是充分条件，即任何一方面缺陷都会妨碍创新思维；即使某一方面的条件很好，而其他方面欠缺，也难以有良好的创新思维成果。因此，它们是相互有机结合的，是以系统的整体性对创新思维起作用的。

在创业过程中，创业者的创新思维训练是极其重要的。创业者如果不具备创新思维的基础，创业行为就会缺乏缜密的理性思考，创业活动就可能会昙花一现。创新思维以注重思维活动的反省和理性的反思为特征，将形象思维、逻辑思维和直觉思维融为一体，是科学的理性精神与直觉、形象思维的有机统一。

大学生创新思维的训练可以采用设计思考的方式进行。设计必须为消费者改善产品的功能，并赋予其意义。作为创新创业者，从设计角度来进行思考是相当重要的，必须将创新创业的构想视觉化，也就是将构想物质化。要创造一个有效的构想，必须兼顾两个方面，一个是消费者的需要，另一个是消费者的需求。

案例：设计思考在宜家家居的应用

宜家家居"2025年厨房设计"是说明原型的好例子。宜家家居希望为一个问题找到答案：十年后的厨房会是什么样子？隆德大学和埃因霍芬理工大学的学生与艾迪伊欧（IDEO）设计公司合作，根据宜家家居所提出的愿景（具有启发性、富有创意的料理方式，并且减少食物资源浪费）进行原型设计，开发出多种概念传达媒介。大学生对宜家家居的消费者需求进行了详细研究，与IDEO合作开发出四个概念传达媒介，它们的原型在米兰博览会展示了六个月。

"现代储藏室"，它是一个重视物品可见度的崭新储藏概念，消费者必须能够看到储藏室中有什么食材，这样才能以富有创意的方式使用，而且能确保没有食材过期，减少食物资源浪费。"留神水槽"帮助消费者掌握用水量，并且指导如何重复利用水资源。"周延丢弃"聚焦于厨余处理，并且指导如何进行其他可行处理方式。"生活桌子"的概念传达媒介，是一张利用感应架，适于烹调、用餐和工作的桌子，桌子上面架设一台可以识别各种食材的摄像机，其可以根据储藏柜中有哪些食材而提供食谱。此外，这张桌子还可以指导如何进行食材准备以及调味。IDEO设计公司为宜家家居提供了几种原型，起初他们在实验室做出1∶1的模型，在互动桌的桌面上堆满了透视图，这些缩小模型（低解析度原型）立即为接下来的高解析度原型提供了构想，通过角色说明测试改良这个概念性厨房。

接着就是让这个概念性厨房动起来。IDEO设计公司画出想象图，并且耗费十周做出高解析度原型。除了厨房的材质本身，还导入了"生活桌子"的各种技术，使用情境也经过了周全考虑。米兰博览会展示就是测试这些原型与观察消费者反应的机会。IDEO设计公司和宜家家居发现，他们之前预想的情境并非被全部呈现，对于某些消费者而言，有些情境不够自然，如技术不够周详，消费者以不同的方式将蔬菜放到桌子上面，这意味着技术需要重新评估。但是，总体而言，宜家家居通过构建原型，在米兰博览会进行测试，获得了丰富的有效反馈，这些都被很好地作为未来设计宜家家居产品的参考。

（四）创业的资金筹备

1. 自筹资金

新创立的企业早期所需的资金具有高度的不确定性，且需求量较少，因此在这一阶段，除了创业者本人的个人积蓄外，家人和朋友的借款就是最为常见的资金来源。借款人与大学生创业者之间有一定的亲情、友情关系，更容易建立信赖感，但亲情融资具有一定的局限性，一般而言，亲情融资只适用于家庭经济条件较好的大学生。当然，大学生创业者应该全面考虑投资的正面、负面影响及风险性，以公事公办的态度将家人或朋友的借款与其他投资者的资金同等对待。任何借款都要明确规定利率以及本息的偿还计划，对所有融资的细节都需达成协议，如资金的用途、资金的数额和期限、企业破产的处理措施等，并最后形成一份相关的正规协议。

2. 政府帮扶

随着大学生就业压力的加剧，国家在"大力推进创新创业，以创业带动就业"的总体方针下不断改进完善、鼓励和支持大学生创业的相关政策。各地方根据国家的相关指示，结合当地的具体情况，制定出了各具特色的大学生创业帮扶优惠政策，其中就包括大学生创业贷款。有创业意愿的大学生可以带齐相关证件（毕业证、商业计划书等）到当地政府部门咨询具体信息。一般的，在读大学生或毕业两年以内的大学生，只要具有一定生产经营能力或已经从事过生产经营活动，就可以因创业或再创业提出资金需求申请。如果大学生的创业项目能给当地政府带来税收，或者能够增加当地的就业岗位，并且是绿色环保的项目，政府有可能给予贴息甚至免息。

3. 银行信用贷款

信用贷款是指银行仅凭对借款人资信的信任而发放的贷款。借款人无须向银行提供抵押物或担保。相对抵押贷款而言，信用贷款更加便捷和人性化，无须抵押，手续便捷，对借款人的门槛要求也比较低，只要工作稳定，征信记录良好，如信用报告、信用评估、信用信息良好就能获得贷款，如果大学生办理过信用卡，信用卡多次逾期还款就会影响自己的征信，从而不利于信用贷款，或进一步降低贷款的额度。

国内信用贷款渐趋流行，但银行对信用贷款的信用审核严格，贷款额度相对较低，一般在10万元以内，适合于大学生创业者短期内的小额贷款，但是大学生创业者在贷款时应考虑自己的还款能力。

第三节　创业机会识别指导

一、创业机会的概念及特点

（一）创新机会的概念

在创业研究中，"机会"一词英语通常用"opportunity"表示，"opportunity"由词根"op-面临"和"port-港口"引申为通道、路径组合而成。在汉语中，对机会的解释是"恰当的时候""时机"。因此，机会可以表述为从事某项活动的有利通道和恰当时机。机会当然包括创业机会，用逻辑学术语来说，机会是"属概念"，而创业机会是"种概念"，"属概念+内涵=种概念"，即"机会+创业=创业机会"。

一直以来创业机会都是创业研究者关注的重点，谢恩和文卡塔拉曼认为，创业机会是创业研究的核心问题，创业就是发现和利用有利可图的机会，由此，开启了创业以机会为重点的研究时期。蒂蒙斯认为创业机会具有吸引力、持久性和适用性，并且伴随着能够为客户创造或增加使用价值的产品或服务。柯兹纳认为创业机会就是未明确定义的市场需求或未充分使用的资源或能力。张玉利认为创业机会是不拘泥于当前资源条件的限制下对机会的追寻，将不同的资源进行组合以利用和开发机会并创造价值的过程。

创业机会实际上是创业者可利用的商业机会，是一种未来可能盈利的机会，它需要创业者以实际行动进行支持，并通过具体的经营措施来实施，以实现预期的盈利。事实上，大多数创业者都把握了商业机会并且创业成功，徐文荣先生就是其中一位杰出的代表。他率领的横店集团这艘巨轮，之所以能在瞬息万变、惊涛骇浪的市场竞争中持续航行，就在于徐文荣这位掌舵人能及时掌握来自四面八方的市场信息，并且具备判断信息价值的洞察力和筛选信息的能力。徐文荣将个人潜质进行了最大限度的发挥，并对社会机遇进行了最好的利用，实现了"运筹于帷幄之中，决胜于千里之外"。在机遇面前，他以雷厉风行的姿态果断夺得先机；在变幻的市场面前，他以敏锐的眼光捕捉新的商机，从市场信息中做决策、求效益，从而牢牢地掌握了生产经营的主动权，取得了较好的经济效益和社会效益。

（二）创业机会的特点

1. 可测量且有边界

一个可控的创业机会首先应是可以量化的并能被测量的，这样才能有明确的创业目标；其次是创业机会是在创业者能力所及的领域内被发现和掌控。

2. 可拓展但有风险

一个好的创业机会应该是有生命力的，是可以不断拓展的，或者说是可以通过创新不断发展的；但创业者要时刻意识到一个事实，拓展后的创业机会可能会因为边界的扩大而进入一个新的领域或区域，这会引入新的活力，但也会带来未知风险。

3. 有竞争并有时效

市场是一个动态的环境，既有已有的从业者在开疆拓土，更有大批的新入者在奋力争夺市场份额；同时，市场的需求也在不断发生着变化，可能因为某个政策的调整，某种材料的引入，市场的需求会随之变化。创业者必须充分认识到这一点，一个现在看起来比较好的创业机会，可能会在一段时间后变得不好，因此要时刻对市场的变化保持警惕，适时对战略和战术做出调整，以适应市场的变化。

4. 不易觉察且难以抓住

罗曼·罗兰说:"人们常觉得准备的阶段是浪费时间,只有当真正的机会来临,而自己没有能力去把握时,才能觉悟到自己平时没有准备才是浪费时间。"创业者应在熟知的领域内去发掘机会,只有这样才能凭借积累先于他人觉察到机会,并能借助积累抓住机会。创业者也应尽力拓宽眼界,累积主业外的各种知识,以期可以觉察到跨界的创业机会并能迅速组织资源来抓住机会。

二、创业机会识别理论

创业者特质理论揭示了"谁是创业者"这一问题,但仍存在"许多员工也具备创业者的大部分特质却并不是创业者"这一缺陷。基于此,不少学者跳出特质理论的"循环圈",转向创业过程的研究。他们认为创业本质上就是建立新企业的过程,而这个过程中最关键的要素就是创业者和创业机会。在打破原有经济均衡迈入新经济均衡的过程中,创业者会识别潜在的市场需求和未充分利用的有限资源,通过价值创造的方式将市场需求和资源结合在一起,以新的生产方式来满足市场需求,最终获得利润。因此,价值创造的核心在于市场机会的有效识别和行动。

国际知名的管理与领导力研究专家谢恩和阿迪奇维立是创业机会学派的先行者。谢恩在其AMR论文上指出创业研究应该立足于未来,强调创业机会从何而来以及如何被发现和开发,而不是仅仅只研究"什么人是创业者"。同时,谢恩明确了创业研究的三个问题:机会在哪里?机会被谁看到?如何将机会转变成实际行动?他强调了机会识别对创业活动的重要性。阿迪奇维立则认为创业机会识别是一个渐进的过程,属于人、市场、组织三者之间的动态循环过程。企业需要调整自身的资源来迎合识别到的市场机会,赋予相应的商业概念和商业计划。同时,企业还需要在杂乱无章的市场环境中主动开发和创造市场机会,以保证创业过程的连续性。自2000年创业机会提出至今,以市场机会为主线,以创业机会识别、评价和开发为程序的创业过程研究越来越得到重视。创业机会识别理论的提出和实施推动了创业研究从创业特质转向创业过程,使创业研究更加细化和更具有逻辑性,也从微观层面深化了创业活动的内在机理。

三、识别创业机会

什么是机会,机会是个体已经发现的东西中有价值的部分。当机会出现在大学生的身边,大学生没有识别它,没有拥有它,那么对大学生而言,就不存在"机会",创业机会也就无从谈起。

创业机会识别是创业领域的关键问题之一。把握住了每个稍纵即逝的创业机会,就等于事业成功了一半。怎样去识别筛选出机会,从而将创业机会变现,大学生创业者可从以下几方面入手。

(一)变化就是机会

现代管理学之父彼得·德鲁克将创业者定义为"寻找变化,并积极反应,把它当作机会充分利用起来的人"。古往今来,大多创业热潮都依赖于社会环境、市场环境的变化,社会环境、市场环境的变化势必带来市场需求、市场结构的变化。这就为识别创业机会带来了契机,大学生创业者透过这些变化,就能发现新的前景。这些变化包括人口结构的变化、产业结构的变化、个性化服务的追求、科技通信的进步、政策扶持、价值观和生活观念的变化、收入水平的提高、消费升级等。如家庭收入提高,人们的娱乐活动要求更加丰富多样,"三胎"政策的开放,为母婴市场带来了良机;人们推崇"快"文化,移动电商应运而生,蓬勃发展的同时带动了物流、在线支付等产业的兴起;私人轿车数量不断增加,为汽车销售、维修、清洁、二手车交易等行业带来诸多创业机会。

(二)顾客需求就是机会

从顾客身上觅得创业良机是一个恒久不变的规则,创业者销售的产品或服务,最终面对的是顾客。分析调研顾客的需求,从中可识别创业良机。

从顾客身上识别良机,需要观察某些人的生活和工作轨迹。由于每个人的需求不同,大学生创业者应将顾客分类,从顾客分类群体中研究各类人群的需求特点,如退休职工重视身体保养,家庭主妇重视子女的教育等。

四、创业机会在创业中的地位

创业机会在创业过程中扮演着极其重要的角色,或者说是处于极为重要的地位,谢恩和文卡塔拉曼为此构建的创业研究框架指出,创业机会是创业领域的核心问题,是整个创业过程的起始阶段,其焦点是"为什么,什么时候,通过何种方式,是一些人而不是其他人发现和利用创业机会"。

创业机会对创业初期的资源组织方式、团队成员角色分工乃至未来影响企业发展的企业文化的形成都有着决定性的作用。

创业机会是客观的存在,创业者必须以积极的态度,主动地调集并整合各种资源去匹配创业机会,唯有此才可能从创业的活动中获利并存活下来,最终形成有战斗力的团队,以期取得更大的成功。

五、识别与构建创业机会的步骤

(一)机会搜寻

在这一阶段,创业者要感知或觉察到市场的需求,或者能找到未被充分利用的资源,对目标行业整个环境进行信息的搜集,去发现可能存在的潜在商机。机会起源于改变。上游供应商、厂商内部、竞争者内部、下游顾客和渠道商的改变,技术、方式方法的改变都可能产生机会。

1. 市场约束变革视角的机会

创业的机会大都产生于不断变化的市场环境中。环境变了,市场需求、市场结构必然发生变化,这种变化主要来自产业结构的变动、消费结构的升级、城市化的加速、消费观与价值观的变化、政府政策的变化、人口结构的变化、居民收入水平的提高、全球化趋势等。创业者要重点关注以下方面。

(1)政策变化

政府利用经济、法律和行政手段调节市场是为了弥补市场不足,促进市场经济发展。每次制度的变革和后续政策的出台,都会催生众多的创业机会。例如,政府通过调整行业政策、定价政策,推动某领域市场化等方式,为创业者减少市场进入障碍,让创业者能够利用自身的资源优势进入市场,抢占商机。

(2)环境变化

在复杂动态的商业环境中,蕴藏着变化的机会。环境包括政策环境和资源环境,如产业结构调整、技术变革、土地制约、生态制约以及能源供应的紧缺等引发的变化。

(3)新消费升级

企业存在的根本目的是为顾客创造价值。创业者应保持敏锐的警觉性,去感知社会大众需求变化,从中捕捉市场机会。消费潮流的变化可以出现市场机会;通过产品和服务的创新引导消费者的心理需求,也可以创造一个全新的市场。消费者可能遇到的问题、"痛点"、"痒点",以及新的消费升级,都将催生新的创业机会。这为创业者尤其是中小企业的创业者提供了广阔的创业空间。

（4）产业与企业变革

随着改革的不断深入，战略新型产业、互联网产业、工业4.0、"中国制造2025"、国企改制、互联网领域等都将创造海量的创业机会。

（5）竞争催生

在市场竞争过程中，将自己的优势充分发挥出来或者采取差异化的产品和服务方案，或者采取逆向思维，突破限制，为顾客提供更具价值的产品或服务，找到竞争"缝隙"中的创业机会。

2. 新技术新产品与新运营视角的机会

技术变革创造了新产品、新服务和新业态，更好地满足了顾客需求，同时也带来了创业机会。创业者需重点关注以下情况。

（1）新技术应用

新发明和新技术都有机会带来具有变革性的新产品或新服务，会更好地满足顾客的需求。谢恩认为，一项新技术产生后，存在一系列应用的市场机会，但它们是不明显的；机会的发现是相对于人所拥有的特殊时空知识而言的；创业者只发现了与他的先前产业特殊知识有关的机会，却没有积极地寻找新技术变革后产生的机会；此项技术与创业者的先前产业特殊知识是互补的；潜在创业者关于市场的先前知识，影响他们发现应进入哪个市场以利用新技术的机会。创业者应对新发明和新技术保持警惕性，积极学习和充分结合自身优势，去发现和抓住随之而来的创业机会，成为受益者。例如，互联网的出现给人们的生活和工作带来了改变，同时创造了更多的创业机会。

（2）产业变革与新商业模式运用

"互联网+"模式催生了"新技术、新产业、新业态、新模式"的"四新"经济形态，这将会使已有的产业机构进行调整，从而出现大量的产业结构上的空白，创业者应以市场需求为根本导向，以技术创新、应用创新、商业模式创新为内核，以相互融合的新型经济形态来对资源进行整合，填补一个空白的或未填满的市场或者市场空隙，从中获利。

（二）机会识别

创业机会识别需要创业者拥有先前产业特殊经验知识，具备远见与洞察能力、信息获取与分析能力、环境变化及技术发展趋势预测能力、模仿与创新能力、社会关系建立与维护能力、行业或者创业领域知识与经验储备能力等多维能力。创业机会识别有以下方法与技巧。

1. 市场调研发现机会

通过与顾客、供应商、代理商等沟通，获取一手资料与信息，了解现在发生了什么，以及未来要发生什么。针对自己的某个特定想法，获取市场调研数据来发现可能的创业机会。

2. 系统分析发现机会

在市场经济发展日渐成熟的现状下，那种"野蛮生长"、处处是顾客与商机（市场不饱和）的时代已经过去了，更多的企业往往是在"夹缝"中求生存、变化中寻商机。因此，绝大多数的创业机会都需要系统分析才能得以发现，如从企业的宏观环境（政治、社会、法律、技术、人口等）与微观环境（细分市场、顾客、竞争对手、供应商等）的变化中寻找新的顾客需求和商机，这是通过系统化分析，考虑各方面因素，寻找创业机会最常用、最有效的方法之一。

3. 问题导向发现机会

问题导向针对的是创业机会识别源于一个组织或个人面临的某个问题或明确的需求，这可能是创业机会识别最快速、最精准、最有效的方法，因为创业的根本目的是为顾客创造新的价值，解决顾客面临的问题。在这个过程中，常用的方法就是不断与顾客沟通，不断汲取顾客的建议，基于顾客的需求创造性地推出新的产品或服务。

4. 创新变革获得机会

通过创新变革获得创业机会的方式在高新技术、互联网行业中最为常见。在这种创业机会识别的过程中，通常是针对目前明确的或者未来潜在的市场需求，探索相应的新技术、新方法、新知识或新模式，或是利用已有的某项技术发明、商业创意/创新来实现新的商业价值，一旦获得成功，创业者凭借其具有变革性、超额价值的新产品或新服务，很容易在市场中处于压倒性的主导地位。创新变革方式的难度大，风险系数也更高。

（三）机会评估与审查

该步骤需要将先前收集的信息进行量化，对现有资源重新组合和定位，整合资源与（潜在）需求的匹配，并根据风险以及风险水平和预期回报的一致性进行评价，决定是否付诸实施进行创业。

美国百森商学院蒂蒙斯教授提出的创业机会评价基本框架是比较完善的创业机会评价指标体系。蒂蒙斯认为，创业者应该从行业和市场、经济因素、收获条件、竞争优势、管理团队、致命缺陷问题、个人标准、理想与现实的战略差异8个方面共53项指标评价创业机会的价值潜力。

在实践应用时，不要求创业者完全参照这些指标对创业机会进行评价，只需选择若干要素来判断创业机会的价值即可。我们鼓励创业者尽量多地选取指标进行评判，采取的指标越多，分析的结果越客观，对创业机会的正向评价越理性。

六、创业机会识别案例

案例：海外创业机会的开拓之路——苏州婚纱服务商的跨国情缘

1. 科班出身入职阿里，电商起步初露锋芒

和多数农村孩子一样，2002年高伟通过高考走出农村。他进入了南京审计大学电子商务专业学习，在这里，电子商务的"一束光"，照亮了他的电商之路。

四年的专业学习，高伟收获满满，他自修拿到了LCCIEB市场营销三级证书，毕业后凭借扎实的专业知识基础进入了阿里巴巴工作。短短几个月，高伟就获得了阿里巴巴2007年上半年度南一区最佳小牛奖，2008年，兰亭集势（Light in The Box）上线，让他关注到外贸电商B2C的模式，自主创业的萌芽在他心中生根。当时高伟觉得自己缺少历练，需要到更多平台去实践积累。心中有目标的人会更奋进，出色的工作能力让高伟很快成为2008年中国制造网年度销售冠军，之后，高伟又成为拉美贸易网的运营总监。每段经历都让他变得更优秀。

2. 销售压力大，交往国际友人结缘海外市场

2010年，经过多年的市场调研和经验积累，高伟具备了敏锐的商业嗅觉和创业能力，他决定辞去工作，自主创业。由于起步时风险未知，他选择了不需要积压库存、成本相对较低的婚纱礼服市场。为了筹备创业本钱，他卖掉了南京的房产，携妻子迁居到了中国最大的婚纱生产销售基地——苏州，成立了苏州沃金网络科技有限公司（简称"沃金网络"）。

创业之路并不平坦，与大多数从事电子商务的人一样，高伟的起步也是从淘宝店做起的。很快他发现，当时国内消费者对婚纱礼服普遍是以租代购，且网上消费者对价格关注度高于品质，这间接导致市场出现杀价跳水、盗版冒用等不正当竞争手段，这几乎扼杀了高伟的创业梦。但是开弓没有回头箭，目前最重要的是另辟蹊径。凭借多年做外贸的经验，高伟结交了许多外国朋友，在和这些朋友的交往中他发现外国新娘喜欢购买婚纱，同时她们还要参加数不

清的派对，婚纱礼服行业的市场前景比国内更为广阔。于是高伟决定，将公司业务重心转向外国顾客。

刚转做外贸的时候，全世界各个国家的订单都接：美国、德国、意大利、中东、挪威、芬兰等，经过一段时间的运营，他慢慢摸出些门道：哪些国家的通关政策不稳定，哪些国家的物流不靠谱，这些外在因素都将导致他的包裹无法及时送到，产生损失，逐渐地他就拒接了那些高风险地区的订单。

3. 创建品牌提升婚纱附加值，差异化营销拓展海外市场

紧接着，高伟和他的团队又遇到一个新的挑战，国内做出口业务的企业有上千家，大部分采用低价代工的销售策略。由于缺乏附加值和议价能力，随着跨境电商市场日渐成熟规范、竞争激烈，他们的生存空间更加有限，这让高伟意识到在互联网时代，去中心化越来越明显。在此情形下，如果不做品牌提高附加值，生存会更困难，随之沃金网络的自营品牌 Sarah Bridal 应运而生，秉持着"以用户为中心，把产品做到极致"的理念，仅用两年时间 Sarah Bridal 就发展成为全球领先的跨境电商——敦煌网平台上的第一大品牌。

Sarah Bridal 品牌目前在多个跨境电商平台铺设了渠道，除了敦煌网，还在速卖通、亚马逊等平台上进行运作。根据平台的特质，高伟采取了差异化营销策略，如亚马逊，平台流量很大，受众群广泛，非常适合平民化产品的销售；敦煌网对婚纱品类的推动力度很大，更注重品牌卖家的权益保护，高价和高级定制的产品更容易在此出售。2014年 Sarah Bridal 的销售额达到了2500万元。

4. 创新驱动再创业，跨境电商服务推动公司再发展

商场如战场，眼光独到、创新创意才能使企业大步发展。高伟在跨境平台自运营的同时也发现，诸多线下传统企业发展停滞不前，亟须转型升级，但这些企业对跨境电商毫无了解。捕捉到这个商机后，高伟决定开拓跨境电商代运营业务。

高伟汇集了一批来自领先外贸电商平台的行业精英，深入研究敦煌网、亚马逊、eBay、速卖通等知名跨境平台的运营规则和方式，建立了一套完整独特的代运营服务模式。至今高伟和他的团队已为近千家企业提供了专业的跨境电商服务，其中上百家已成为各大跨境电商平台的领先品牌。代运营让沃金网络获得了可持续发展，同时帮助传统外贸企业转型升级，也使各大跨境电商平台在中国市场得到了推广，真正做到了三方共赢。

2016年苏州获批国家跨境电子商务综合试验区，苏州政府相应出台了一系列针对跨境电商的扶持政策，沃金网络卓越的表现获得了政府的大力支持。2017年，沃金网络成立了A Plus电商众创空间，分享资源，帮助更多的人

成为双创浪潮的追梦者。沃金网络多年的成就也得到了政府的肯定,获得诸多荣誉。

5. 美国成立运营中心,打造 S2B 平台服务全球零售商

高伟卓越的领导和组织才能,汇聚了一批出色的核心团队。高伟带领团队成员一直在开辟新的商业模式。2016年,高伟成立了美国运营中心,组建本土化的业务团队,便于品牌在海外的拓展,同时推出跨境电商海外分销平台"最畅销"(Beston sell),倾力于整合以婚纱礼服为首的泛时尚行业供应链资源,通过自建国内集货仓和标准化物流,结合自主大数据平台及云端供应链系统,打造国际领先的基于 S2B 跨境供应链服务平台,服务中国和欧美等国家的小型零售店,提供全球婚纱零售商业服务,该项目获得了千万元风险投资。

2019年,受迪拜时装周的热烈邀请,高伟带领团队展出的Judy & Julia系列晚礼服备受关注。

第四节 大学生创业启动与实施指导

一、做好市场调研

(一)做好创业前期的市场调研

大学毕业生创业前期应该了解创业政策、创业模式以及自己所具备的创业条件,再走进市场进行调研。市场调研是创业前期发展的必经之路,只有进行实地调研、走访、记录才能收集到更加全面的信息。

大学毕业生在刚刚走出校园的时候,对市场环境和行业背景并不是很熟悉,这就需要对市场做好充分的调研和数据分析,了解想涉足行业的市场背景、市场份额、竞争产品,以及投资成本、收益和风险程度等,做到对想涉足行业了如指掌,因此创业前期的市场调研是至关重要的。前期市场调研过后,创业者已经梳理好相关数据,这些数据将是在未来创业路上的法宝。但是由于创业者的战略眼光和社会经验较欠缺,因此需要寻找行业中的专家帮忙进行综合分析,可以通过创业讲座进行咨询,也可以通过互联网创业论坛进行咨询,多听取一些专家的建议对自己的创业之路会有帮助。

创业过程中最重要的一点是要进行自我评估,经过市场调研、专家分

析、行业了解，自我评估就显得尤为重要。创业对于大学生来说并不是一件容易的事，资金、资源、风险预测、人力资源管理、财务管理、行业竞争等都需要创业者进行评估，只有自己对自己的综合能力做到认可才能真正迈出创业的第一步，只有自我评估达到预期效果，创业者才能做出正确的抉择。

（二）创业前期市场调研的内容

1. 了解行业发展的前景

创业者在市场调研的过程中，要通过大数据分析该行业的发展前景，该行业在市场的占比份额是逐年递增还是递减，同时该行业是否符合国家大的战略方针政策，以及大学生创业在本领域是否具备强有力的优势等。做好前景分析，再考虑最终是否涉足。

2. 整合自身有效资源

刚刚走出校门的大学生，社会经验和人脉都较少，因此要调研身边的资源在自己的创业道路上是否有助推作用。结合现实情况，淘宝店铺、京东店铺、直播带货等形式会更加适合大学生创业。

3. 做好风险预测

毕业生在创业过程中要做好风险预测，因为刚刚走出校门的创业者经不起失败的打击，因此就需要在市场调研期间发现和找出其中的潜在风险，降低在创业初期的风险。

4. 做好资金投入规划

创业者起初的创业资金相对紧张，人工、货源等会产生各种费用，因此在市场调研的过程中要学会节约资金，这就需要做好细致的规划，减少不必要的浪费。

5. 了解行业的预期收益

在市场调研的过程中，要了解行业的预期收益，只有了解预期收益才能有效控制资金用途，做好财务分析是创业的重中之重，利润是决定创业能否长久的一个硬性指标。

6. 寻找行业成功经验

市场调研的一个重要内容就是寻找行业的成功经验，成功的创业者都有自己的一套经营体系，如行业的翘楚，借鉴他们的成功之处和经营模式，将其综合改良成属于自己的创业模式。

7.选择投资收益期短的行业

刚刚步入创业行业的年轻人，资金周转是大问题，前期运营、人员、货源、办公用品等的费用是一笔很大的开支，因此要在调研的过程中选择资金周转快的行业。

二、设计打动人心的路演

（一）商业路演的概念

路演是近几年非常流行的一种商业推广和产品宣传形式，融资要路演、产品发布要路演、创业大赛要路演，就连电影上线也要路演……但是路演并不是一个新兴事物。

路演最初是国际上广泛采用的证券发行的一种推广方式，指证券发行商通过投资银行家或者支付承诺商的帮助，在初级市场发行证券前针对机构投资者进行的推介活动；是在投资、融资双方充分交流的条件下促进股票成功发行的重要推介、宣传手段，促进投资者与股票发行人之间的沟通和交流，以保证股票的顺利发行，并有助于提高股票潜在的价值。

新经济时代，路演的形式、作用和内涵早已有了延伸，商业活动中的路演已经成为包括新闻发布、产品发布、产品展示、渠道招商、影响股东、吸引人才、凝聚人心、吸引资本和传承文化等多项内容的现场活动。

路演要呈现商业创意。一个好的商业创意可能来源于一个灵感，可能不仅仅是一个灵感，它是创业者运用知识和技能，在科学、艺术、技术和各种实践活动中不断提出的具有各种价值的新思想、新理论、新方法和新发明。

一个好的商业创意要实现财富价值，造福人类社会，还需要通过严密的商业计划，利用市场机会转化为现实生产力。例如，扫地机器人，就是一个研发设计上的商业创意，它在功能、体验上满足和提升了用户对产品的需求；又如，直播带货，就是一个在市场营销上的创新，它在内容、通道上满足了创造、引导、激发消费者进行产品体验，这些就是具有商业价值的创意。

商业路演是目前公认的阐述商业创意最为有效和直接的方法。商业路演本身就是一种创意表达方式，路演者根据"创业计划书"这个"剧本"，运用项目PPT这个必不可少"道具"，由讲演者以不同形式、不同风格将商业创意短平快地"秀"出来。

（二）路演要用最短的时间赢得最大的信任

在新经济时代，最大的成本是"信任成本"，也就是说，投资人、评委、消费者，他们在众多项目和产品中为何要选择某一款？商家要做的就是瞄准靶心，精准投放，以最低的成本达到获得最大信任的效果。

既然获取信任是路演的终极目标，那么这就是一场攻心战。精明的创业者会将创业计划从项目、业务、规划、财务四个维度构建起路演的底层逻辑，再通过可行、可信、实力和加持四部曲，逐步建立起坚固的信任堡垒，最终赢得掌声。具体做法如下。

1. 可行

所谓可行，是指路演者运用图表数据介绍市场格局、市场总规模及可进入的市场规模，分析市场发展的驱动因素和趋势，确定市场的时机、优先进入的市场领域，公司的产品（服务）以何种合适的方式到达客户，让听众看到市场对公司产品（服务）的需求，看到公司对客户的了解以及客户对公司解决方案的认同，从而对路演者产生初步信任。

2. 可信

路演者通过介绍产品（服务）的研发、面市、客户发展、融资需求、股权结构，公司在价值链中的位置、从哪里获得何种收入、成本构成、收益预测以及分配方式和比例等情况，让听众看到公司目前取得的进展，看到公司如何营利、如何分配，从而增强对路演者的信任。

3. 实力

路演者通过分析直接竞争对手（现有和潜在竞争者）的竞争力、间接竞争对手（可替代产品或服务）的竞争力、竞争对手的投资人及融资情况，阐述减轻客户"痛点"的解决方案及其与其他方案相比的特点、优势，对比公司的竞争力及公司在市场竞争中所处的地位，让听众了解公司跟谁在竞争，看到公司有足够的竞争壁垒，了解公司有更好的解决方案，有实力能赢，从而巩固听众对路演者的信任。

4. 加持

加持是指路演者介绍公司的发展历史、核心团队成员的高价值资历，如相关行业工作成果、成功创业经历、管理经验、教育背景、拥有专利以及与之合作过的知名企业或项目等；还可以介绍名誉董事、顾问以及未来拟补充的重要职位及目标人选。其目的是通过已获得的业绩及第三方的影响力，让听众确信自己的判断，相信这个团队有信念、有能力实现公司愿景，从而锁定对路演者的信任。

（三）制作高水准的路演PPT

很多初创业者在路演时总觉得有100件事情要讲，讲完之后却发现讲得七零八落。其实在商业计划中，任何一个创业项目都可以划分为四大板块，即项目概况、市场透视、整体规划和财务分析。

1. 项目概况

项目概况一般包括公司介绍、项目介绍、商业模式和项目愿景。简而言之，就是要讲清楚：企业是干（卖）什么的？靠什么挣钱？预期做成什么样？公司介绍包括公司基本情况、核心成员情况、获得过哪些荣誉、有哪些高价值资历及企业文化等。项目介绍包括项目产生的背景、项目发展历程、项目内容、项目优势、成果展示及市场前景等。商业模式也可以简单地理解为企业在市场中如何与用户、供应商及其他合作伙伴合作，以何种方式实现交易、获取收益。项目愿景简称愿景，是创业者的立场、信仰、核心价值以及创业者对企业未来的设想。

2. 市场透视

市场透视包括市场需求、渠道通路、竞品分析和解决方案，即产品卖给谁？怎么卖？跟谁争？怎么争？

市场需求，是指在特定的地理范围、特定的时期、特定的市场营销环境、特定的市场营销计划下，特定的消费者群体可能购买的某一产品的总量。

渠道通路，是指产品或服务从生产者到经销商再到消费者的过程，其任务就是在适当的时间，把适当的产品送到适当的销售点，以利消费者购买。

竞品分析，竞品即竞争产品，竞争对手的产品。竞品分析顾名思义，就是对竞争对手的产品进行比较分析，列出竞品或自己产品的优势和不足，得出真实的数据进行分析管理。

解决方案，是指针对市场需求、竞品分析等已经出现或可以预见的问题、不足、缺陷或需求等，提出可行性的建议或计划。

3. 整体规划

整体规划包括现状发展和未来发展两部分内容，在这一模块要讲清楚：企业的实力如何？企业的潜力怎样？

现状发展，即通过现阶段的运营情况、营利水平预测项目的生存能力。

未来发展，即通过市场调研、行业分析、竞品分析等方法，从政治、经济、社会、技术等方面入手，分析预测项目的发展前景并呈现其成长动力。

4. 财务分析

财务分析模块要讲清楚公司的融资需求和投资回报，也就是怎么找钱？怎么花钱？怎么分钱？

融资需求，即为实现公司发展计划所需要的资金额，资金需求的时间，资金的用途、使用计划及股权比例。

投资回报，即投资者的回报，包括企业不断持续营利增长的现金流及利润的分配和企业价值的增长，而作为长期投资者更重视的是企业价值由低估到合理再到高估的价值增长。

案例：像TED一样设计路演PPT

TED的演讲PPT往往都很通俗易懂，它们都有一个共同的特点，就是要么只用图片或文字，要么图文并用但也是极简风格，一页PPT从来不会使用冗长的文字和多张图片。

仅用图片的好处在于观众一开始无法从PPT中直接获取与演讲相关的信息时，就会把注意力更多地放在演讲者身上，认真倾听演讲者的讲述，如此一来，演讲者就很容易吸引听众的注意。但是，由于图片是PPT唯一的素材，因此对图片的质量要求非常高，对制作者的创作拍摄和搜图技巧提出了不小的挑战。同时因为图片是呈现信息的唯一途径，所以图片的选择更要做到恰到好处，而非随意放图，要与演讲的内容相当契合，才能达到让观众豁然明了的效果。

TED中还经常用简单的巨大文字来表达观点或引发思考，有时也会使用恰当的大小、粗细文字对比，以及辅助一些基础图形来表达。这么做的目的是直截了当地抛出问题或突出焦点，抓住听众的眼球。

当然，有时候TED也会用相映成趣的图文为演讲添彩，但图文的结合一定是互为补充，而不是重复累赘的。

（四）路演成功的关键因素

很多时候路演是在公开场合进行的双向沟通，非常考验路演者的现场表现力、应变能力以及舞台经验。初学者要流畅地完成整场路演，是需要学习相应的技巧并反复训练的。路演者要做到整场路演行云流水，就必须做到：控制时间、掌握节奏、直击"痛点"、临危不乱，并在这个过程中展示出自己鲜明的演讲风格，让整个路演活起来。

1. 克服紧张

很多新手在初次路演时都会感到紧张，甚至"怯场"，这可能是因为完美主义心理在作祟，很重视又担心准备不足；还可能是因为对内容还不熟悉，担心提问无法应对；也可能是因为得失心太重，害怕失败。虽然路演时产生紧张心理是必然的，但也是可以通过训练有效调节的。路演者可以在正式路演前认真推敲打磨PPT内容，将其内化于心，并通过假设提问、反复练习来坚定信心，最终达到行云流水的效果。路演者可以提前到达现场，与听众聊聊天，或听听舒缓的音乐，这些做法都可以有效缓解紧张情绪。另外，在演讲过程中一旦忘词，切忌一直重复卡壳，可以直接跳过讲后面的内容。

2. 打造风格

有效的演说往往短而精，因此，精心设计一台适合自己风格的创意路演"秀"也是成功的关键。演说过程中，路演者需要运用技巧方法，明确演讲目标，整理结构，设计开场白、结束语。除此之外，高水平的路演者还会精心打造属于自己的风格，就像每个人都有自己的特有气质，而不仅仅是一个只会背台词的"牵线木偶"。

一个人的演讲风格由结构套路、内容习惯、呈现方式组成，或奔放，或严谨，或幽默，或柔和，这些元素的融合就浑然形成了一个人的演讲风格。由于每个人的性格特征、教育背景、处世习惯不同，也很难把每个要素都掌握得很好。如有的人自带幽默，有的人天生亲和，有的人逻辑性很强，有的人很会讲故事等。

要想形成一种春风化雨般让人心情舒畅、具有感染力和鼓动性的演讲风格并非易事，需要长时间的训练和打磨。一般可以从以下几方面着手。

一是发挥优势。优势可以是帅气的外表，自带的幽默感，会讲故事，甚至是富有磁性的声音，这些都可以成为一个人独特的演讲风格。不要一味地去模仿别人，只有让自己的长板得以发挥，才能让风格表现得淋漓尽致。

二是主旨明确。一个人的幽默、故事、数据都是为演讲主旨服务的，所有素材和手段都要紧紧围绕自己想要达到的目的和传达的主旨来选择与运用，否则就只是低级的技术玩弄。乔布斯的演讲堪称经典，可能有人要说他的风格就是简洁的PPT、黑色的圆领毛衣、低调的牛仔裤，从而衬托出他轻松愉快的演讲风格，但是他最深层的风格却是他自始至终对苹果公司价值观的传播。

三是以诚相待。真诚是路演演讲最基础的风格，当一个人还没能打造出适合自己的独特风格时，那么他可以以诚待人，演讲中坦诚的目光、诚恳的语气、谦恭的体态都能向听众展现谦逊而真诚的人格魅力，恐怕不是那么完美，但也能赢得观众的好感。

另外，还应注意形象管理，特别是如果自我感觉"颜值"不够高，就更要让自己"看起来像个成功者"，以增强自信。时刻注意面部表情，用身体语言向观众传达自己认真的态度，用坚定的手势与洪亮的声音展示自己的信心。

3. 造梦共情

梦想是一种意念，它可使创业者在创业道路上遇到困难时强化信心，坚定意志，激发内心无限潜能，当然也很大程度上决定了未来的成就。卓越的"领导者"通常都是优秀的"造梦师"，他们有一种特殊的人格魅力，能将个人目标与企业愿景有机融合起来，巧"画饼"，善"感召"。常用的做法有以下几种。

（1）描绘画面

人们对事物的认知总是从感性到理性的，最为直接也最具体悟感的就是描绘一个结果的画面。

例如，如果您不会做饭或者懒得做，选购生鲜后，可以直接让配套的餐厅进行现场加工，然后在这里吃，特别适合生活节奏快、不会做饭，对食材又有质量要求的懒人。

当您早上起床，穿上休闲装和运动鞋，打开窗户，深呼吸一口清新的空气，然后踏上跑步机，轻松舒畅地开始跑步……

您当然不希望所购买的产品三天两头出问题，在使用的时候肯定希望它的速度更快，操作起来更方便，甚至更加智能。

这样一款产品不但经济实惠、方便实用，还可以帮您节省时间。假如这款产品每天只为您节省30分钟的时间，加起来，一个月就能为您节省15个小时，您可以有更多的时间和孩子一起运动，和爱人一起做饭……

（2）会"讲故事"

随着现代商业体系的不断发展，有很多创业项目通过"讲故事"来成功实现商业各方的深度对接，并获得资源的青睐。"讲故事"已经被赋予了更多的商业意义，成为一种公认的自我推广方式。吸引听众的商业故事一般都会有"正派"与"反派"的对抗，并最终获得一个完美的结局。这里的正反派不是指人，"反派"指诸如疾病、失业、无知等让人痛苦的事；而"正派"则是用来抵御"反派"的措施办法，即项目、产品、服务等；完美的结局则是通过各方资源的帮助，"正派"打倒了"反派"，让用户在舒适的体验中获得了预期的效果。"讲故事"通过结构性的线索引导听众，使听众和讲述者一起探索、发现，并找到解决方案。被带入故事场景中的各方从此成为故事的粉丝，进而整合资源衍生出无数的新技术、新运营方式、新商业模式、新营销方式助力创业的成功。

4.现场应变

在对答环节，一些初学者难免会因为紧张或应变能力欠佳，出现听不明白问题而答非所问或者回答空洞缺乏说服力的情况。因此，对答时可从以下几个方面来应对。

一听：镇定地听，提炼问题重点。如果实在没听清楚，可以请求重复一次，如"不好意思，您能再说一遍吗？"

二问：确认问题，切勿答非所问。出于信息漏斗效应的考虑，为避免路演者与提问者就同一问题出现理解上的偏差，路演者在得到问题后应先确认问题再组织回答。如"请问您是这个意思吗？"

三想：思考对方的用意，判断对方想要的答案。路演者应换位思考，站在提问者的角度来思考问题的出发点和指向，围绕提问者所关心的点来展开阐述，最终聚焦对方想要的答案。

四答：言之有据多回应，切勿假大空。回答时应注意，不要用一些抽象的概念或模糊的数据作答，要尽可能用已有的事例或切实的数据来支撑观点。

五请教：善于请教，切莫回避问题。如果提问者提出的问题恰好是目前未能解决的问题或团队的短板，路演者也无须左右躲闪避而不谈，可以虚心请教或介绍目前的进展情况和努力方向。如"这个问题我们确实正在研究，暂时还没有结果，但我们已有一些备用方案，请问您可以给我们一些建议吗？"

三、确定商业项目

（一）寻找商业创意

一个好的创业项目可能是从一个创意开始的。日本松下电器创始人松下幸之助曾经说过："今后的世界，并不是以武力统治，而是以创意支配。"创意已经成为创业者满足消费者需求、适应市场变化、挖掘商业项目、寻求商业竞争优势的重要来源。

需要注意的是，创意并不等同于商业创意。因为创意可以是一个脚踏实地的点子，也可以是一个天马行空的想法。但商业创意不仅是一个想法，还需要通过这个想法衍生出新产品、新技术、新服务。

（二）筛选商业创意

创业者要从众多的创意中寻找到最可行的商业创意，再进行孵化。具体可以按照以下方法筛选。

1. 评估所学创业资源

创意转化为商业创意，不仅需要有市场需求，还需要创业者具有资金、技术、团队、政策等大量创业资源的支持。在对一个商业创意进行评估时，创业者不仅需要明确该项商业创意所需的创业资源有哪些，同时还应清楚获取相关创业资源的有效途径。

2. 蒂蒙斯创业机会评价法

哈佛大学教授蒂蒙斯提出的创业机会评价框架是最具代表性的创业机会评估方法，蒂蒙斯创业机会评价框架从行业和市场、经济因素、收获条件、竞争优势、管理团队、致命缺陷、个人标准、理想与现实的战略差异等方面分53项指标对创业机会的可行性进行了全面评估。通过评估，创业者可以对创业机会所处市场存在的问题、自身竞争优势、团队管理、致命缺陷等进行深入分析，以此对创业机会是否具有创业价值进行评判。

（三）评估市场

通过对商业创意进行验证，创业者和团队可以从众多的创意中筛选出可行性更强的商业创意。接下来，创业者需要对市场进行评估，包括对市场进行细分、对消费者需求和竞争对手情况进行调查，并对创业项目的可行性再次进行梳理和完善。

1. 行业分析

行业分析这部分应该对行业的发展状况、竞争力、营销策略等方面进行深入的分析，发现行业发展的潜在规律，从而预测行业的未来发展趋势。只有对行业进行深入的分析，才能准确把握行业的发展情况及其在生命周期中所在的位置，从而做出准确判断。一般来说，行业分析的主要内容包括以下几个方面：行业概况；行业的历史发展情况；行业发展的现状；行业未来发展趋势；行业整体的市场容量；行业销售增长率及未来趋势行业的资金投入与产出比；行业所处的市场类型；经济周期；行业竞争焦点；行业准入标准。

2. 目标市场分析

创业者需要通过调研找到自己的目标顾客，搞清楚他们的需求，并且估算消费群体的规模，评估他们的消费意愿、消费力及消费发展趋势。不仅要找到目标市场，还应对目标市场进行细分，并针对不同市场的不同消费需求，提供相应的产品和服务，以此找准企业自身的市场定位，制订营销计划，增强市场认可度，以便进一步占据市场份额。

（1）定位目标顾客

在商业项目的设计初期，创业者可能并不清楚面对的顾客群体是谁，也不清楚产品特征和市场范围，因此探索和开发自己的顾客非常有意义。可以采取顾客探索、顾客验证、顾客生成三个步骤来寻找和定位自己的目标顾客。

顾客探索是丢弃自己的主观猜测，接近消费者、进入消费场景，真正倾听顾客想法，了解他们对产品提出的问题，了解他们认为哪些产品特征能够解决这些问题，然后对假想的目标顾客做出调整。通过不断假设，推翻假设，了解顾客群体是谁，他们需要解决什么问题，哪些产品特征可以真正解决这些问题，有多少顾客愿意付费解决这些问题等。

顾客验证是在顾客探索得出结论的基础上，就创业者设计的产品和服务在目标顾客中进行新一轮的测试，看顾客群体是否真实存在，确认顾客会接受"最小化可行产品"，验证顾客真实且可衡量的购买意图，以此评估企业投入的资源是否能获得理想的营收，从而实现盈利。有条件的可以采用试销的模式，这比简单的调查更有效。

顾客生成是企业成功销售的顾客对象。顾客生成过程因初创企业类型不同而不同。有些企业进入的是已有市场，需要与竞争对手展开竞争；有些企业需要开发新的产品或机会，开拓还不存在竞争对手的新市场；还有些企业通过重新细分现有市场或建立利基市场的方式开发低成本的混合模式。

（2）消费者行为分析

定位目标顾客后，要对消费者行为进行分析，这个是产品和服务开发的起点。

消费者行为分析是指研究个人、群体和组织如何挑选、购买、使用和处置产品、服务、创意或体验来满足他们的需要和欲望的过程。消费者的购买行为受文化、社会和个人因素的影响。

文化因素对消费者购买行为具有非常重要的影响。文化是影响人的欲望和行为的基本决定因素。创业者要密切关注目标人群的文化价值观、兴趣爱好、行为方式，用最佳的方式营销现有产品并为新产品找到市场机会。

社会因素包括参考群体（指对其成员的看法和行为存在直接或间接影响的群体）、家庭、社会角色和地位等。

个人因素包括年龄和生命周期中的不同阶段、职业和经济状况、个性和自我观念、生活方式和价值观，这些都直接影响着消费者的行为。如创业者和创业团队可以从以下问题入手，对目标顾客进行调查和分析：顾客年龄、职业、居住地、性别？顾客消费动机是什么？顾客想要怎样的产品和服务？顾客更注重产品或服务的哪些方面？是颜色、价格、功能、售后服务还是其他？顾客的心理价位是多少？顾客的消费习惯是什么？消费频率是多少？顾客是否愿意尝试新产品和服务？

通过了解消费者，企业可以对产品定位、战略布局等进行及时调整和完善。如顾客购买能力较强、消费需求旺盛，则企业可以适当提高定价以提高企业自身利润。年轻人和老年人的消费动机和消费心理有较大不同，因此若企业主要消费人群为年轻人，则应该注重产品研发、功能实用性等；若主要消费人群为老年人，则应该加强产品促销策略，尽可能降低价格以迎合消费者的消费心理。

3. 竞争者分析

每一个企业都面临着竞争对手的出现，要想在竞争的市场中不断发展，就需要对竞争对手的信息进行分析和调查，了解竞争对手的优点及不足，并对照自身情况进行查漏补缺，以便进一步帮助自身企业健康快速发展。

四、撰写商业计划书

争取创业资源的三大法宝是商业计划书、路演、商业PPT。路演固然是打开创业之门的第一步，但是路演的内容事实上来自商业计划书，当资源方通过路演对项目感兴趣后，也需要创业者提供一份详细的商业计划书。因此，商业计划书可以说是争取资源的基础技能，虽然对商业计划书的写作并没有统一的要求和格式，但是从争取资源的角度来看，其中有一些必须突出的重点和涵盖的内容，也有一些技巧能够帮助创业者更好地表述自己的商业创意。

（一）设计内容与框架

商业计划书是企业根据一定的格式和要求制作出来的书面材料，材料中要全面展示企业或项目的状况以及企业或项目的发展潜力。商业计划书的主要目的是为企业争取资源和进行自我评价。

一般而言，一份商业计划书可能会包含以下内容。

1. 封面、标题和目录

为自己的商业计划书设计一个与项目风格匹配的封面。封面应该有醒目的项目名称，应该留有企业或者团队的联系方式，应该有与正文页码匹配的详细目录。目录前可加一页，写上方案目的、方案版本、保密提示等。

2. 项目摘要

摘要是商业计划书的浓缩，为了便于阅读者快速获得相关信息，摘要应呈现商业计划中最精华的部分，并突出市场机会和市场价值，以激发投资者兴趣。这部分篇幅一般控制在两页以内，主要包括以下内容。

①公司介绍：公司名称和核心团队介绍，公司主营业务，公司战略和发展规划。

②产品/服务描述：产品/服务介绍、产品技术水平，产品的新颖性、先进性和独特性，产品的竞争优势，盈利模式等。

③行业及市场：行业历史与前景，市场规模及增长趋势，行业竞争对手及本公司竞争优势，未来三年市场销售预测等。

④营销策略：在价格、渠道、促销等各方面拟采取的策略及其可操作性和有效性，对销售人员的激励机制，如何实现营收。

⑤财务计划：主要财务预测数据、融资需求、投资回报等。

3. 企业和团队简介

这部分主要展示企业或者团队的基本信息和情况，目的是让投资者了解这是一家什么样的公司、公司有什么业绩、公司向什么方向发展。要用强有力的理由来解释本企业因何存在，什么是企业的创立之本。

具体应该包括如下内容。

①企业情况概述：公司成立的时间、法律形式、股东及股份占比情况、注册资金、业务范围等。

②企业创始人和创业团队简介：主要介绍创始人、核心团队和团队管理模式。

③企业发展愿景和发展战略。

4. 产品和服务介绍

这个部分主要介绍公司的业务，是商业计划书的核心内容，需要占用较大的篇幅来进行写作。一般而言，当投资者全面了解了产品信息后，才会判断并且考虑项目的价值。这部分的内容一般要涵盖以下几个部分。

①产品/服务描述：外形、功能、性能、结构、知识产权等。

②产品/服务优势：目标顾客研究，解决了什么"痛点"，具体的解决方案等。

③营利模式：产品/服务如何组成业务模式，如何营利。

④产品/服务的开发计划。

5. 市场分析和预测

最有可能打动投资者的，有可能就是发现和开发一个足够大的市场。同时，阅读商业计划书的人会通过这个部分了解企业是否为自己的项目做了足够的功课。市场分析的内容包括：宏观环境分析、行业分析、目标市场分析、竞争分析、企业内部环境分析。要通过市场分析得出结论，提出市场机会在哪里，市场规模有多大，如何抓住市场机会。

6. 制定营销策略

所谓营销策略，简单来说就是如何将产品更好地卖到客户手中。制定营销策略，要在市场分析得出结论的基础上结合项目的实际情况进行。营销策略应该包括：产品策略、渠道策略、价格策略、广告和促销策略。

7. 财务分析

在商业计划书中，财务分析是投资者最关心的内容之一，这个部分需要对大量数据进行统计与分析，从而让投资者通过数字了解企业当前的财务状况以及未来的发展情况。这个部分一般涵盖以下几方面内容。

①资金需要量预测：企业融资的基础，对于创业企业来说，主要就是启动资金的测算。

②营销预测：综合各方面因素，对企业一定期间的销售情况做出科学合理的预测，以估算营收。

③预测报表：主要指现金流量表、损溢表和资产负债表，以提供一家公司财务状况的不同方面的信息。

④投资回报预测：分析损溢平衡和投资回报。

⑤融资计划：说明融资时机、金额和用途。

8. 风险评价和对策

企业的风险是指某些危险因素导致企业在生产经营过程中造成的损失。企业风险对企业的发展影响巨大，在商业计划书中客观全面地分析企业存在的风险并提出合理的风险管理策略，是获得投资人信任的一个因素。这部分应该包括如下内容。

①风险预测：包括自然风险、技术风险、社会风险、政治风险等。

②风险管理策略：阐述企业风险管理的方法，并就风险预测提出防范或者控制的策略。

并非所有的商业计划书都严格按照这样的结构，一些计划书会调整顺序，如有的计划书会先讲市场再谈产品，有的先谈产品再分析市场；一些计划书可能把几个部分结合起来，如可能将产品、市场、营销等内容合并为商业模式板块；一些计划书可能会增加新的章节，如人力资源计划、营运计划、退出机制等；有的计划书可能会删除一些章节。

无论如何，商业计划书只要能回答以下几个基本问题就可以：项目是什么？有好的营利模式吗？可不可行？

（二）修炼写作技巧

商业计划书的写作有其约定俗成的行文风格，需要呈现出简洁、直接、专业的效果，具体来说写作商业计划书应该做到以下几点。

1. 可视化导向

人是视觉动物，商业计划书的重点内容应该一目了然，让阅读者"看得清楚、看得舒服"。

写作商业计划书时，应尽量少用大段的纯文字的表达，语句要简洁，内容要精简，表达直截了当，不咬文嚼字、拐弯抹角。去除赘述内容，留下最紧要的东西，并将重点信息准确无误地表达出来。尽量使用可视化的内容，适当的地方可以使用表格、图片来辅助说明。如下情况推荐使用可视化的方式。

①对于一些要用大量文字才能阐释清楚的逻辑性问题，可以用图片代替来展示顺序、流程、因果、对比等，以便读者快速地了解信息。

②需要呈现大量的或者种类比较多的数据时，应该使用表格，将数据和内容进行清晰和有逻辑的呈现。

③呈现复杂数据时，用图表来进行直观、形象的展示，如用柱状图、折线图、条形图等，让内容清晰和容易理解。对于图片和表格，不仅要使用，而且要善用，要让图表为商业计划书加分而不是减分。图表的使用，不仅要内容准确合理，还要注意排版，要与整体布局协调。

2. "实在"的创意

商业创意不应该是空泛的构想，在方案中应该展示出论证的过程、合理的结论以及对产品和服务模式实在可行的设计。写作商业计划书时，不要凭空夸大项目的回报，要让投资者看到项目管理者对市场的判断、顾客的认识、产品的设计等并非来自盲目的自信，而是都建立在真实可靠的调查和科学的分析之上的，并且能提供翔实可靠的佐证材料。在与投资者或评委接触的过程中，现实和诚恳的态度才能够获得认可。

3. 用数据说话

投资者往往喜欢用数字来思考，因此，在撰写商业计划书时，应尽量减少描述性的语言，而用数字来量化描述；能用数字说明的，就不用文字。请注意，要大量使用数据时，在提供数据的地方应当说明引用来源，因为可查证的数据将提升商业计划书的可信度。

在商业计划书中，以下两部分数据是一定要出现的。

①市场数据：市场分析和预测的部分用描述性的语言是一定没有说服力的，无论如何强调市场的广阔，都感觉是夸夸其谈，显得对市场没有深入的认知和把握。在市场规模、竞争对手、典型用户等分析中，应该提供真实可靠的数据作为支撑，以赢得投资人的信赖。

②财务和投资数据：在财务的部分基本都是用数据说话，而且数据应该科学、可靠，不要做不合理的业绩预测，给投资人完全不符合客观规律的乐观数字；投资部分要明确地告诉投资人自己的融资目标，让投资人了解创业团队的需求。

4. 善用故事手法

形象地展示项目的应用场景，会给项目的展示效果大大加分。呈递商业计划书时，项目团队可以用一个引人入胜的故事来形象地展示项目的应用场景，以吸引投资人。这个故事可以是描述一个业务的具体使用场景、一个曾让客户感到非常满意的成功项目的再现，或者展示如何能够让项目实际价值超出客户的预期。这些故事可以使投资者对商业计划书产生好感，让他们更加形象地理解这个项目，并认为该项目团队对项目的推动已经到了可实施的状态。

五、创业团队搭建与管理

没有完美的个人，只有完美的团队，独行快，众行远。好的创业团队聚"才"为团，还需要"口才"，做到和而不同，聚而不死，分而不散；同时，把具有某些共同特征的人群按照某种秩序排列起来，"耳人"为队，学会倾听并遵守团队规则。因而，团队可以解读为：一个有口才的人对一群有耳朵的人说出共同的价值观，使这群人统一为之付诸行动。其中团队文化是企业的灵魂，团队信念是企业的血液。

团队中成员所做的贡献是互补的，而群体中成员之间的工作在很大程度上是互换的。每个团队都有适合自己发展的基因，团队的成功模式可以借鉴，却很难完全复制。

（一）创业团队的搭建

与个人创业相比，在创业活动中创业团队有着较多的优势，越来越多的国内外学者关注了团队创业，并对此做了大量的研究。随着知识经济的发展、科学技术的进步，创业团队在现实经济生活中已然成了一个"无处不在的现象"，特别是在高新技术行业，创业团队成立了一大批公司。大量的研究表明，由创业团队组建的新企业绩效要优于由创业者个人建立的企业。

创业团队的定义是基于团队概念基础之上的，但对于具体定义许多学者从不同角度对其进行了研究。从所有权的角度，可将创业团队定义：为两个或两个以上的个体，他们共同建立公司且同时拥有所有权。从人员构成的角度，可把创业团队定义为，参与且全身心投入公司创立过程，共同克服创业困难和分享创业乐趣的全体成员。至于律师、会计师和顾问等外部专家，由于只参与公司创立的部分工作，因此不能算作创业团队成员。从参与时间的角度，创业团队是指在公司成立之初掌管公司的个体或是在公司营运的头两年加盟公司的成员，但并不包括没有公司股权的一般员工。创业是在结构不确定性条件下的一个寻求利益、解决问题的过程。创业团队是指这样一群创业者，他们拥有共同的目标，这个目标需要共同协调与合作才能达成，更加强调了创业团队的协同团结作用。

1. 创业团队的组建原则

（1）共同的价值观

创业团队的成员可能来自不同的领域，有不同的知识结构、过往经历、教育背景，也可能存在年龄、性格等差异，但团队成员应该拥有相同的价值观。因为价值观会影响一个人的行为准则，如果他们无法统一创业活动准则，就需要耗费大量时间、精力统一决策，这会导致工作效率低下，不利于创业企业的发展，所以拥有共同的价值观对于创业团队的组建十分必要。

（2）优势互补

一个优秀的创业团队既需要懂技术的人才，也需要擅长营销的人才；既需要专业知识扎实的专业人才，也需要八面玲珑的交际高手。不同能力的创业成员组合在一起就形成了一个比较全能的主体，能够更好地面对激烈的市场竞争环境。而且，这样的团队中也不易出现核心成员优势的重复，引起双方矛盾、造成资源浪费、降低团队效率，甚至导致整个团队的解散。

（3）优秀的领导者

所谓领导者，是指一个团队的首领、主要决策者，其在一个团队中起着团结、带领作用。一个团队中如果缺乏一个优秀的领导者，就如同一盘散沙，难以凝聚。创业团队的领导者是创业团队的灵魂人物，是团队力量的协调者和整合者。在创业团队中，领导者不仅需要拥有突出的工作能力，还需要具有包容心、责任感等优秀品质，要随时能与团队成员进行沟通交流，对团队资源进行协调和整合，对团队成员进行鼓励与支持，从而提高团队的整体水平，以适应企业成长的需要。当然，一个优秀的领导者不能仅靠资金、技术、专利来决定，他不一定是团队中最优秀的，但他应该是整个团队被认可的、有较强决策力的带头人。一般而言，创业团队会在创业之初将活动发起人或者大股东作为领导者。

2. 创业团队的组建要素

创业团队五要素，又称为"5P"要素，由目标、人员、定位、权限和计划组成。

（1）目标

创业团队要有明确的创业目标，创业目标将一个团队汇聚在一起，是团队运作的核心动力，也是团队存在的理由。第一，一个团队正是因为有了明确的目标，才知道接下来的行动方向，如需要付出什么努力，把握哪些商业机会等。第二，一个团队有了明确的目标，整个团队的成员才能向同一个目标奋斗，心向一处，形成一股合力。第三，明确目标能使团队认识到自身的限制，并通过招聘合适的人才，获取所需资源来提高团队的综合实力。当然，团队目标的设定要切实可行且是整个团队成员认可的。

（2）人员

创业者的综合能力直接决定创业的成败，创业团队的组建和磨合过程是创业之路能走多久的关键环节。归根结底，创业的核心要素就是人员，创业的灵魂是创业者和创业团队。合适的团队人员能够提高创业的成功率，形成"1+1>2"的合力;而不合适的团队人员组合在一起,容易引起团队内部矛盾,给团队造成巨大伤害。选择团队成员要考虑团队的发展目标,明确团队需要的知识、技能、经验,根据个人及团队现有资源,结合团队知识结构、价值观等进行选择。团队成员之间要做到相似性与互补性的结合,保持价值观、金钱观、创业观的一致,实现知识结构、人脉、资金、技能、经验的互补。

创业过程中,人是主要资源。这个资源包括创业者和创业团队,也包括创业团队所具有的人脉资源。人脉资源是资源整合的串珠线。资源整合是一种能力,是一个系统性行为。资源整合贯穿于任何项目的全过程,创业企业的任何一项计划、工作的完成都需要通过资源整合来提升效率和质量。应有效整合人脉资源。人脉资源是各种良好人际关系的总和,有了良好甚至优质的人脉关系,初创型企业就可以方便地找到各类投资,找到核心技术或产品,找到优质的潜在客户,找到适宜的营销渠道等。人脉资源的获取和维护是创业成功的先决条件。人脉资源具有以下特性。

①投资性。人脉和资金一样,都是需要投资的。事到临头才去找人帮忙,难免会处处碰壁。但如果平时就注意人脉资源的积累,多为他人考虑,急他人之所急,想他人之所想,所谓"我为人人",才能"人人为我"。从现在开始建立联系,扩大自己的"朋友圈",画好自己的"同心圆"。这种投资需要很多时间和精力,但回报也是相当诱人的。

②拓展性。一个篱笆三个桩,一个好汉三个帮。人脉资源可以通过亲情、友情、师生情,通过学习、生活、社会活动中的合作、交流、关心、帮助等进行维护。通过拓展不断壮大,不断巩固。在拓展中,通过维护可以使原本的弱关系变成强关系,甚至成为团队关系。所以人脉资源需要经常性维护,同时在维护中可以不断地发展新的人脉关系。

③辐射性。一个人一生中能认识多少人?随着微信、QQ等社交软件的风靡,一个人的微信朋友数量达到上千易如反掌。如果自己的朋友帮不了自己,但是朋友的朋友可以帮自己。"六人定律"告诉我们,父母、亲戚、老师、同学、同事、朋友、客户等都是我们的人脉资源,通过他们能辐射至更多的人,可以让我们的人脉资源更丰富。

(3)定位

定位指的是团队在整个组织结构中的位置,以及与整个组织及组织中其他群体的关系。创业团队定位包含整个团队的定位以及团队各个成员自身的定位。团队的定位主要是指创业团队在创业企业中处于什么位置、由谁选择和决定团队成员以及采取什么样的激励方式等;团队成员个体的定位是指团队成员在团队中担任什么角色，根据每个成员的专业与优势确定决策者、计划制订者或监督者，保证每个成员发挥自身最大的功效。

（4）权限

权限是指团队的职责及享有的权利。在一个组织中，权责对等才不容易滋生矛盾。虽然在创业团队中推崇群策群力，由团队成员共同商议、共同决策，但是不同人负责的工作范围不同，在具体执行时，在不损害集体利益的情况下，应当适当将权力下放到各个负责人身上，使个人拥有与职责相对应的权力。特别是团队领导人的权力大小十分关键，且与团队的发展周期相关。通常在创业初期，团队领导人的权力相对集中，而随着团队的发展成熟，领导人的权力会相应减弱。

（5）计划

计划是为达成目标所做的安排，是未来的行动方案。只有将创业目标转化为科学合理的、具有可操作性的行动计划，才能帮助团队达成目标。创业团队在制订行动计划时，要充分考虑企业的创业目标、自身的优劣势以及所处的环境。计划不是唯一的，制订计划时要考虑多种预案。计划也是动态的，应当根据实际情况进行相应调整以更好地达成创业目标。

案例：寿国梁的人脉资源创业

寿国梁是北京六合万通微电子技术有限公司（以下简称"六合万通"）的创业者，标准的浙商。1981年，寿国梁从浙江丝绸工学院（现更名为浙江理工大学）毕业后赴日本留学，他用18年时间在自己喜欢和擅长的无线局域网领域整合了大量的人脉资源。回国后，寿国梁和这些人通过"六合万通"实现了创业价值。在他看来，大量人脉资源的聚集就意味着找到了资本，拥有了核心竞争力，拓宽了销售渠道等。

"六合万通"成功开发出了无线局域网系列芯片——中国芯，这在当时属于国内首创。同时开发了国际首创的3G移动通信 W-CDMA 协议监视仪。这些成绩的取得为我国微电子产业进入世界先进行列做出了重要贡献，同时也归功于寿国梁丰富的人脉资源。寿国梁有条件把自己理解的创业设计得精致而全面，也正因为如此，当大批创业者谈到创业血泪辛酸史时，寿国梁只有淡淡的五个字："我们很顺利。"

从一开始创业，寿国梁就凭借多年的积累，整合了让人羡慕的人脉资源。该创业团队都是留日归来的学子，都有着共同的创业情结和目标；除了共同的求学背景，在技术开发、经营管理等领域，大家各有所长，互相取长补短。

从案例中可以得到如下启示：人的时间和精力有限，整合资源要有的放矢，要互相融合，取长补短。这就需要人们在求学、职场、生活中精准而全面地通盘考虑。正是基于这种系统思维，才会产生寿国梁所说的"我们很顺利"的效果。该案例中寿国梁成功的做法值得创业者学习、借鉴。

"六人定律"是人脉资源中经常会用到的定律。"六人定律"是任意两人之间，通过不超过六个人就可以找到对方，形成相应人脉圈。"六人定律"告诉我们，平时要与人为善，多交朋友，通过各种社会关系积累自身的人脉，为创业积累人脉资源，打下人脉基础。

案例中寿国梁求学时的同学、工作时的同事、家庭的成员，都是其人脉资源的一部分。作为创业的大学生，其资源集中在家庭、学校、实习场所，因此要与案例中的寿国梁一样处理好各种人际关系。在学习中多与老师、同学交流；在生活中，多与亲戚家人沟通；在工作中多与同事、朋友聚会，从而找到志同道合、对自己创业有帮助、对自己思考未来有启迪的良师益友、亲朋好友等各种人脉资源。人脉资源的开拓不容易，维护人脉网络更是需要创业者和创业团队合力完成。创业者在咖啡厅、快餐厅、小吃店等各种各样的场所进行着信息交流，建立并维护着人脉网络。在硅谷，几乎所有的咖啡馆都有创业者聚集于此。南京珠江路的创业一条街、北京中关村科贸大厦、各个地方的创客空间等很多场所都是创业者扎堆的地方。"车库咖啡""车库创业"备受创业者的青睐，这也说明了建立并维护人脉网络在创新创业中被广泛需求。网景的创始人马克·安德森、脸书的创始人马克·扎克伯格等经常会在斯坦福大学旁的咖啡馆吃饭。

3. 创业团队的搭建步骤

（1）步骤一：确定战略目标

1988年，阿里巴巴创始人马云从杭州师范学院（现杭州师范大学）外语专业毕业，后进入杭州电子工业学院（现杭州电子科技大学）任教。1994—1995年，马云在为中国访美政治经济代表团担任翻译期间看到了互联网的巨大潜力，此时他的梦想是开一家互联网公司。

（2）步骤二：创业者自我评估

一旦创业者拥有创业想法，就应首先进行自我评估，包括自我素质、能力、现有资源等方面的评估。根据社会认同理论，创业者和非创业者存在根本差异。创业者主要以企业家身份进行思考和行动，他们富有创新和冒险精神，能够在快速变化的环境中忍受不确定性带来的风险，并为了获取经济利益和其他形式的自我满足（主观幸福感），能够在高强度的压力下持续工作，他们的身份代表着成为一个企业家应该承负的责任，他们的创业行为不仅仅是一个由个人利益驱使的商业过程。当个体将与创业者身份相连的外部意义内化并且认同这些意义时，创业者身份就形成了；当个体明白成为一个创业者的意义之后，他就会进行与自我身份相符的行为。创业者特质或其个人魅力，如自我效能感、创业警觉性、先前经验和创业激情都会对创业企业成长具有明显的积极促进作用。往往魅力型领导者具有以下行为特征：拥有强烈的自信心和强烈的支配欲望；对自身所崇尚的信仰坚定不移；具有明确提炼组织愿景的能力；能够不断砥砺自身并建立良好的行为典范；能够成为让部属仿效的楷模。

（3）步骤三：选择创业合作者

现有的研究把创业团队分为同质性创业团队和异质性创业团队，大部分创业之所以选择团队创业，是因为团队创业有着个人创业无法比拟的优越之处，具有不同技能和背景的创业合伙人就是其中最重要的因素。

创业初期的员工一般都符合"3F"（Family，Friend，Fool）法则，团队成员各司其职，有专门负责技术开发的，有专门负责市场运营的，有专门负责人员管理的，还有专门负责建设公司文化的，等等。

（4）步骤四：确定组织架构、角色分工

组织架构就是通过界定组织的资源和信息流动的程序，明确组织内部各成员之间的性质，使每个成员在这个组织中，具有什么地位，拥有什么权利，承担什么责任，发挥什么作用。传统的组织结构模式有直线职能制组织结构模式、事业部制组织结构模式、矩阵型组织结构模式和控股公司组织结构模式。

根据李海啸的归纳，直线职能制简称U型结构，它是集中权力于高层决策者的集权式结构，采用这种组织结构模式的企业主要是生产经营产品单一和经营环境简单稳定的生产制造型企业。

（5）步骤五：制定组织目标

一旦选择创业，组建创业团队，制定组织目标与章程就是不可或缺的一部分。组织目标是指组织结合自身内外实际制定的具有战略意义的一系列计划或过程。组织目标是一种关系，反映的是组织与其所处环境之间的关系。

康丽群在考量组织目标的维度时，将其细分成盈利性目标、创新性目标、福利性目标、合作性目标和合法性目标这5个维度。盈利性目标是商业组织最基本的目标，"有质量的适度增长"是有效衡量企业增长有效性和增长速度的评价标准，而企业盈利能力应从盈利量和盈利质量两个方面衡量。创新性目标纳入组织目标体系，体现了组织主动应对环境挑战和提高竞争力的战略意图，同时也是判断组织目标是简单还是复杂的重要标准和依据。从内容来看，组织的创新包括技术创新、制度创新和文化创新等。技术和制度是组织发展的两个轮子，制度创新为技术创新提供保障，技术创新反过来又推动制度创新。福利性目标旨在提高为组织创造价值的利益主体的满意度。合作性目标是指在网络环境下组织为满足价值网络中关键约束力量的需求而设立的目标。组织间竞合不仅是组织间共创和共享价值、提升和分配网络价值的重要方式，也是组织应对环境不确定性或复杂性，建立生态优势、实现可持续发展的客观要求。合法性目标就是需要合法合规，合法性目标源于一般性社会约束力量的需求，包括政府、立法机构、社区公众、行业协会、慈善机构及其他利益集团的诉求。这些力量塑造了社会规则、规范和文化意识，约束着具有社会嵌入性的组织及其行为。组织与环境的互动深化了组织及其行为与社会层面的互依关系。因此，只有当创业团队有一致的创业思路，成员个人的目标与企业的愿景一致，即认同团队将要努力的目标和方向，团队才可以制定组织目标，并一起为之努力奋斗。

（二）创业团队管理的风险

1. 团队成员关系处理不当

与组织关系一样，创业团队成员之间既不是等级关系，也不是纯粹的市场关系，而是同时拥有所有权和经营权，相对独立却又相互依存地进行分工协作的伙伴关系。创业团队治理是团队成员间的一种激励与控制机制，即通过采用一整套包括正式与非正式的制度安排来合理地界定和配置创业团队成员的权利与责任，协调其互动合作关系，使得团队成员在求同存异的基础上能有效地平衡好个人人力资本优势和团队效应，以保证创业决策的科学性、有效性，从而实现成功创业，在最大化团队整体收益的基础上最大化团队成员的个人收益。新创企业高层团队的许多棘手问题可以通过明确的、法律上可强制执行的合同/契约或相互信任和个人声誉的非成文协议得以解决。

2. 团队成员信任度不够

虽然团队成员多出于家人和亲朋好友等既有关系，情感性信任和人际关系认同度高，但毕竟各自的人力资本尚未得到证实，因此，创业团队成员间也必须具有一定的认知性信任，且达成人力资本激励的共识，这样才能给团队未来的发展留下一定的空间。创业团队组建之初，团队成员人力资本未经证实，在信息不对称的情况下，无法进行准确的定价，此时可以通过友谊来提高自我披露和信任以及合作程度。弗朗西斯等认为，在契约形式选择上，友谊使得新创企业比成熟企业更倚重于隐性非成文协议，而不是明确的书面合同/契约。

3. 无明晰的产权制度和团队分配制度

创业初期，许多企业产权制度较模糊，也没有确定一个明确的利润分配方案，团队的组建主要是靠关系和感情。随着企业的发展，利润的增加，必须有一个明确的利润分配方案，否则当初靠义气、靠感情维系的团队此时可能会因利润分配而出现纠纷，导致创业团队解体。这种情况在民营企业中是非常普遍的，很多中小民营企业的创业团队在发展初期，或者是没有考虑到，或者是碍于面子，没有明确提出企业未来利润的分配方案，等企业规模扩大时便开始为利润怎么分配而争执。

4. 随企业规模扩大而出现的矛盾

随着创业企业规模的扩大，其管理也更加制度化、规范化和现代化。因此，随着企业从不规范经营管理到正常经营管理的过渡，创业团队中的许多矛盾便逐渐暴露出来。例如，随着创业企业规模的扩大和管理规范化、现代化，有些成员因其能力不足而不能适应更大规模、更规范的现代企业经营管理，在这种情况下，创业者如果降低这些人的待遇，他们就会不服；如果不降低，对企业发展又不利，因此矛盾就会越来越激烈，最后可能导致企业元气大伤甚至倒闭。

第五节 大学生创业风险规避和创业失败学习

一、大学生创业风险规避指导

（一）大学生创业常见的风险

1. 具有急于求成的心态

刚刚走出校门的大学毕业生，对社会充满着无限向往，他们有激情、有想法、思维活跃、敢于拼搏，这些都是他们的优势，但是急于求成、过分注重经济效益是他们的短板。由于创业过程是一个复杂多变的过程，创业者要有耐心做好长远规划，寻找正确的出路，不要只注重眼前的利益而失去创业的初衷和方向。

2. 盲目选择创业项目

盲目选择创业项目会使创业者在创业途中半途而废，创业项目的选择不是心血来潮想干什么就干什么，而要进行行业分析、市场调研，要有详细的计划和资金的筹措渠道等。选择创业项目更不能盲目从众，很多大学生认为微商、带货等都是来钱比较快的行业就冲动尝试，这样可能会使创业者因缺乏经验、缺乏高品质货源、缺少团队配合等失利，因此高校毕业生在创业项目选择上一定要慎重，经过深思熟虑后再大胆前行。

3. 对创业政策风险认知较少

国家和地方政府出台了很多有关大学生创新创业的有利政策，但是大学生往往不能静下心来认真学习和分析，从而造成对政策理解得一知半解，同时对政策具体执行部门咨询得较少、沟通得较少，导致没能很好地利用政府相关政策而使创业项目进度较慢。

还有一部分大学生与毕业院校也是缺少沟通，高校的创新创业服务中心也会发布一些对毕业生有利的政策，毕业生缺乏沟通可能就无法享受到高校的有利政策。

4. 创业管理风险

大学生作为创业者在管理方面是缺乏经验的，在组织机构、管理模式、管理制度等方面缺乏是导致风险存在的主要因素。大学生往往会意气用事，好朋友一起创业不分那么清楚，但是无规矩不成方圆，企业无制度也是造成风险的主要因素。作为一个管理者还要提升自身的抗压能力和财务管理能力，如果一个创业者没有良好的抗压能力和财务管理能力也将是企业管理的风险所在。

（二）大学生创业风险的规避措施

1. 树立正确的创业心态，做好预案

创业者既然有了创业的想法就要做好长期的准备，因为哪个创业者也不想短期就失败，因此创业者要树立正确的创业心态，面对资金紧张、竞争失利、产品问题等突发事件都需要有预案，这样才会使突发事件能够得到及时快速的处理。创业的风险无处不在，创业者只有知己知彼，时刻防患于未然才能有效抵御风险。

2. 科学选择创业的项目

大学生创业所选择的项目多数都是含金量较低、可快速复制的项目，这些项目虽然可能短期效益还可以，但是经过一段时间和市场竞争后，很快就会被规模大的公司吞噬掉，因此大学生创业者在选择创业项目时一定要进行科学分析和规划。大学生可以尝试在与自己专业相关的领域创业，毕竟有一定的专业基础作为支撑，同时可以融合新的元素和模式，这样带有专业性的创业模式被完全复制的可能性要低很多，因此要科学选择创业项目。

3. 加强对大学生创业政策的解读和支持

针对大学生的创业政策，政府和高校要做好创业政策的解读和宣传工作，让创业者能在政府和高校公众号中第一时间掌握和学习创业政策，同时公布高校毕业生创业流程图，让毕业生一目了然地了解手续流程。加大对毕业生创业的支持力度，加大对大学生创业者的多元化支持，真正扶持有能力、有方案、有目标的创业者，以此来鼓励大学生创业。

案例：小平的创业经历

小平在大学期间读的是机械类专业，但参加的第一份工作却是从事医药销售，面对跨专业的不适应和对医药知识的生疏，他没有放弃，因为小平认为自己的性格适合从事销售，于是毅然决然地来到了某医药公司工作。经过三年的努力他已经成为公司在本地区的销售负责人，后来由于工作出色被提升为本省销售副总经理。在这个岗位工作两年后，集团销售总监有意将他提拔为销售总经理，但却迟迟没有执行，最后小平选择离开这家企业。他回到家乡面试了一家外企并且成功，在外企从事医疗器械工作。两年后他萌生了创业的想法。创业过程并不是很难，因为小平有工作经验并且掌握了企业的运营模式。可是由于他管理自己公司的时间并不多，且公司缺少管理制度等，导致有一段时间公司业绩下滑。但工作多年积累的经验让他快速制订出了一套解决方案，形成了自己的独有模式，使得公司快速转危为安，步入正轨。

小平成功的原因是他有多年的工作经历，即便如此，他在自己创业的过程中也遇到了瓶颈。如果是刚毕业的大学生一出校门就去创业，相信会有更多的风险存在。因此，刚毕业的大学生要在创业前了解创业风险，且学会合理规避创业风险，才能保证创业的成功。

二、大学生创业失败学习

创业失败学习，指的是创业者个体在经历了创业失败之后，以获取能够有效避免重蹈覆辙的知识和技能为目的，通过对曾经的失败经历进行反思，找出导致失败的根源，剖析个体行为与失败结果之间的关系及其对工作环境的影响。简单来说，创业失败学习就是一种创业者通过分析失败原因，进而充实新企业管理的方式。失败学习有别于一般学习，属于双环学习，一方面要求创业者对于先前经历的创业失败经验进行积累；另一方面也要求创业者对失败经验进行反思、重构等加工处理，从而获取新的知识和技能。

（一）创业失败学习的内容

从学习内容上将创业失败学习划分为自我学习、商业学习、网络与关系学习、新企业管理学习四方面。

自我学习主要是指客观地认识自身的优势和劣势，是对创业者自身的学习。创业者是新创企业的主要决策者，也是创业失败的主要负责人，所以创业失败学习需要进行自我学习。自我学习受变革式学习的驱动，变革式学习有助于创业者自身的世界观改造、能力提升和意识扩展。客观认识自身、实现自身转变并且科普自我学习是创业失败学习的核心。

商业学习主要是指为掌握有关市场需求、新企业成长、行业发展前景等知识而进行的学习，是对企业外部环境的学习。创业企业的失败有时候是因为与市场的发展不契合，没有把握好市场需求，所以创业失败学习还需要进行商业学习。商业学习受双环学习的驱动，反思自己曾经的创业行为，深入剖析导致创业失败的深层次原因。

网络与关系学习主要是指学习如何与客户、供应商、竞争对手、政府人员等建立网络关系并管理关系，是对企业外部关系的学习。网络是企业识别创业机会、获取创业资源的重要渠道，是提高企业绩效，帮助企业创业成功的重要方式。网络与关系学习同时受变革式学习和双环学习的驱动，一方面创业者需要转变自身的心理、信念和行为模式；另一方面要深入思考，挖掘导致问题产生的深层次原因。

新企业管理学习主要是指学习如何有效运营并控制企业，包括建立薪酬和绩效管理体系等，是对企业自身内部的学习。新企业管理受成长式学习的驱动，创业者要清楚自身失败的原因，认识到自身在企业运营管理中存在的问题，并有针对性地进行学习，找出应对策略，提升后续创业的信心。

（二）创业失败学习的效果

创业失败说明了创业者的努力与期望目标存在差异，而善于从失败中学习的创业者往往更容易获得成功，也有助于提升企业绩效，创业失败学习的效果主要有以下几方面。

1. 提高创业心智

创业失败对于创业者而言不仅仅是财务的巨大亏损，更多的可能是导致创业者自我怀疑，影响创业者的心智。而创业失败学习能够有效帮助创业者面对失败中造成的巨大冲击，通过深刻的学习来改造自身的世界观，从而形成有利于创业的心智，锻炼出更高的创业警觉性。拥有更强的创业心智，能够帮助创业者在后续的创业中更加沉着、冷静，不受情绪的干扰，从而提高企业绩效。

2. 更加理性地进行创业决策

创业失败后，创业者对自身和企业的认识发生了改变。通过创业失败学习，创业者能够更加客观地去评估自身和企业的信息，对自身和企业都会有更深的认识，从而更加理性地进行创业决策，使企业与外部动态环境的变化更加匹配，提高企业的市场竞争力，从而提升企业绩效。

3. 构建新的知识、技能

失败是成功之母，很多时候，只有经历过失败，才知道什么是失败，为何会失败，如何面对失败。创业者通过创业失败学习，对之前的创业经验、知识和技能等进行归纳总结，分析失败的原因，并且不断反思、重构、更新，可形成新的知识和技能，从而进一步调整策略，提升企业绩效，提高创业成功率。

（三）鼓励连续创业

创业失败中蕴含的价值需要通过学习转化为下一次的创业行动，所以应鼓励连续创业。在创业实践中，几乎所有创业者都是在连续创业中取得成功的。

1. 政策鼓励

2010年，国外著名经济学家克里斯托弗·皮萨里德斯说过，允许试错的宽容失败文化燃起了美国的创业，最终让美国成为创业成功的国家。2009年，"以色列创业教父"索尔·辛格也表示一个国家包容失败的文化是培育企业家精神的重要前提。李开复也曾说过："在美国的创业文化中，失败是值得庆祝的。而在中国，创业失败意味着放弃，而不是重新开始，这限制了企业家的经历，阻碍了创新。"美国人对于创业失败呈现乐观态度，欧洲对于创业失败也呈现相对包容的状态。

中国对于创业失败的态度也随着创业活动如火如荼地开展而发生着改变，社会对于创业失败更加包容，各地政府也相继出台政策来补贴创业失败者。2016年，云南昆明在对于大学生创业的鼓励措施中，建立了二次创业的补贴机制。根据昆明发布的《关于进一步做好新形势下就业创业工作的实施意见》，首次创业失败的大学生个人或团队再次创业的，凭工商注销或法院判决破产等相关证明材料，按其企业实际货币投资额的50%，由市级财政给予一次性最高不超过3万元的二次创业补贴。2017年，陕西省政府出台《关于进一步加强就业创业工作的实施意见》，指出"自主创业失败，可再享受一年社保补贴"。2019年，江苏常州人力资源和社会保障局印发《常州市"龙城青年大学生创业"三年行动计划（2019—2021年）》，指出在常州领取营业执照或民办非企业单位登记证书的创业者，从注册之日起3年内，其本人名下企业注销后登记失业并以个人身份缴纳社会保险费6个月（不含领取失业保险金时间）及以上的，可按照其纳税总额的50%、最高不超过1万元的标准，申请享受创业失败补贴。目前，全国各地均出台政策，为创业者创业失败"兜底"，大力鼓励连续创业。

2. 个人的正确面对

（1）认识创业失败的价值

经验是新企业知识和信息的重要来源之一。创业者可以从失败经历中积累宝贵的创业经验，让自己更容易看到机会中的价值并加以利用，从而提高新创企业的绩效。通过"行动—反思"的不断运行，从中获取和积累大量的经验，学会谨慎选择创业方向，冷静面对创业过程中的挫折与困难，避免前期创业过程中所犯下的错误，为下一次的成功创业做好铺垫。

企业管理能力的大小主要取决于管理者所具备的资源和知识，而创业失败过程中创业者所积累的创业经验、职能经验、行业经验等能够有效提升创业者的管理能力，对新企业的创建和成长起着至关重要的作用。通过积累和学习，创业者能够积累大量的人脉资源，更客观地评价自己的企业，清晰分析创业失败的原因，提升自己的管理能力。此外，适度的失败经验对团队专业性塑造和提升有积极作用，团队成员经历过"有难同当"后也会表现出更紧密的团队关系，增强团队凝聚力，有利于新企业打造一支更加优秀、更专业的团队。

（2）开展创业失败学习

自从1999年麦格纳教授提出"反失败"观点以来，人们对失败表现出逐渐接受的态度。创业失败是学习的一种重要情景，不仅为创业者本人也为旁观者提供了一个很好的学习机会。在某种程度上，创业失败比创业成功更有信息价值。事实表明，创业失败学习有助于创业者下一次创业的成功，失败所获得的丰富信息和知识能够通过学习转化成新创企业的资源。

（3）做好情绪管理

创业失败会给创业者带来较大的负面情绪，如耻辱感、愤怒、羞愧等。这些负面情绪极大地影响了创业者的自信心，给创业者的后续创业活动带来不利影响，甚至有的创业者会选择放弃创业。因此，创业失败成为事实时，创业者首先需要调整好心态，正确面对失败，然后积极地从失败中学习，认真总结经验，及时做出反思和调整。

（4）进行思维训练

创业实践决定着创业思维。创业实践能够一次次锻炼创业者的思维，改善创业者的思维方式。创业过程就是潜在创业者或新生创业者，通过知识的学习和建构形成独特思维方式的过程。每个创业者都有自己思考问题的独特路径和方法，它们能够深刻影响创业者的创业行为。因此，在创业活动中，创业者通过学习和改善各方面的思维方式，有利于更好地决定企业的发展方向和发展路径，从而走向创业成功之路。

（5）妥协但不能放弃

如果要做好一件事情，就要有志向和意志坚持到底。在设定好自己的目标后，应合理利用自己的时间和精力，提高效率，摆脱碌碌无为的状况。进步和成长的过程总是会有许多的困难与坎坷，不要轻易妥协。做应该做的事情，做好该做的事情。创业要坚持梦想，做法可以改变，但梦想不要轻易改变。

第六节　大学生创业资源整合指导

创业离不开资源，创业者的首要任务是寻找创业资源。创业资源是指新创企业在向社会提供产品或服务的过程中，所拥有或者所支配的能够实现公司战略目标的各种要素以及要素组合。站在"投资人角度"去审视创业方向：为什么要做这个事情，手里有哪几张牌，即自己有哪些创业资源等。创业资源包括人力资源、技术资源和融资资源等。

一、创业资源的类型

（一）人力资源

德鲁克于1954年在《管理的实践》中首次提出了"人力资源"的概念，他指出人力资源与其他所有资源相比，唯一的区别在于它是人，拥有其他资源所没有的素质，即协调能力、融合能力、判断力和想象力，他认为人力资源是所有资源中最有生产力、最有用处、最多产的资源。人力资源是第一生产力，对于创业企业而言，人力资源也是创业活动得以开展的起点和基础。人才对于企业的生存与发展起着决定性作用。

获取人力资源的途径包括：凭借个人魅力吸引人才聚集；发布招聘信息，选聘适合人才；通过社会网络关系的推荐，获得适用人才；用高薪、高职位、股权等吸引优秀人才等。

（二）技术资源

技术资源是企业开发新产品所运用到的软件和硬件知识，包括研发资源、产品制造技能、生产工艺、过程创新能力以及技术变革预测等，这类资源可以使创业企业成功地研发新产品、有效地进行技术扩散，并且可使企业获得技术领先优势和超额利润。伴随知识经济的兴起、竞争环境的动态化和技术生命周期的不断缩短，新产品开发已成为创业型企业的核心战略，对于新创企业的生存和发展起着举足轻重的作用。获取技术资源的途径有很多，包括：与高等院校、科研机构合作；从拥有技术的组织或个体购买或者获得授权；自身通过学习、研究积累获得；招聘拥有相关技术的人才等。

（三）市场资源

市场资源是指企业所控制或拥有的与市场密切相关的资源要素，主要包括品牌、销售渠道、关系网络、客户、顾客忠诚度等。随着市场竞争越来越激烈，产品严重同质化，顾客需求也多样化，准确把握顾客需求日益成为企业成功的关键，而拥有更多的市场资源有助于企业了解市场信息，把握顾客需求的变化趋势。获取市场资源的重要途径在于与外界供应商、顾客、竞争对手等建立良好的网络关系，了解顾客的真实需求、竞争对手的动向、行业最新的变化等。

(四)政策资源

"扶上马,送一程",说的便是政策资源的重要作用。政府支持也是全球创业观察项目中创业环境的一项重要构成。初创企业政策资源指的是政府提供的各项优惠扶持政策,包括财政扶持政策、融资政策、税收政策、科技政策、产业政策、中介服务政策、对外经济技术合作与交流政策、政府采购政策等。政策资源对创业者而言是极其重要的创业助推器。掌握并充分整合创业的政策资源,可以发挥政策叠加的协同力,使创业者少走弯路,达到事半功倍的效果。例如,大学生创业者可以在当地申请入驻创业基地、获取创业初始资金的支持;农民创办合作社,可以获得农产品销售订单税费减免。获取政策资源的途径主要有四种:登录政府公开网站进行查询;到咨询服务公司进行政策咨询;与相关部门保持密切的沟通;派专人负责收集相关的政策信息。

(五)融资资源

融资资源是一个初创企业需要准备的重要资源,可以分为股权融资和债权融资,股权融资根据企业发展阶段又可分为种子期(天使期)、发展期、成熟期等。企业在发展的不同阶段会面临不同的融资需求,可通过综合使用不同的融资方式满足发展中的资金需求。企业要关注自身的发展阶段和特点,积极寻求和未雨绸缪地安排融资资源。以下结合企业发展的不同阶段来论述融资资源。

1. 不同时期需要准备的融资资源

(1)种子期(天使期)

在创业团队成立之初,对于产品可能只有一个大致想法,对于要解决的问题只有初步的理解,或者已经掌握某种领先技术正在寻找使用场景,又或是几个志同道合的伙伴想一起进行创业,但是对于具体的商业模式还在论证探讨。此时,企业可能尚未注册成立,创业团队只有几个人,团队在关键岗位的分工还有待完整。在这个阶段,企业通常并不需要大量的资金,但是由于产品有待研发和商业化,并且还不能即刻提供销售收入,再加之团队本身也需要解决生活开销问题,因此往往需要对外寻找资金。即使团队成员本身有一定积蓄可作为初期的发起资金,但在一定时间之后也依然需要对外寻求融资。这一阶段,由于企业还没有商业收入,因此银行无法提供借贷,所以寻找天使投资人和政府资金支持便成为这一阶段的主要外部资金来源。

天使投资人这一概念源自美国硅谷,一般是指已经实现财务自由的个人,如企业主、律师、教授等高净值人群。他们会拿出一小部分资金去承担高风险，将之投入新兴行业的新兴企业中。建议创业团队在这个阶段，寻找专业的个人或机构，最好是有相应领域创业经验的天使投资人来进行投融资对接。因为对于创业团队来讲，早期的资金需求背后，更重要的是资金所带来的社会资源和创业经验，好的天使投资人带来的不仅是资金，而且是对企业各方面需求的发现和资源的链接。有相应领域创业经验的天使投资人可以带来一手的行业信息和洞见，帮助团队少走弯路实现快速成长。接触天使投资人和投资机构最好从自身熟悉的社交圈开始，因为在这个风险最高的阶段进行投资最看重的是人，对人的熟悉和信任是双方谈判与接触的基础。团队可以通过校友组织、商业行业组织去接触和寻找投资人。投融资的接触过程可能持续数个月，因为投资人也需要在沟通过程中观察和评估团队的进展，反复考察团队创始人的领导力。另外，虽然在这个过程中团队可能会遭遇多次拒绝，但是如果在交流中能够获得有益的建议和商业线索，也是有价值的。融资是一个双向选择过程，当多个投资邀约可供选择时，创始人也应综合考虑投资人除了金钱之外所能带来的价值和对团队愿景的认可，因为早期的投资人相当于团队的合伙人，会陪伴团队很长时间，寻找到价值观一致并且能够赋能团队的投资人比单纯地拿钱更重要。

另外，政府的资金支持也是这个阶段可以获取的重要融资资源。各地政府为引进高科技人才都制定了相应的政策补贴及优惠条件，包括房租及研发补贴、落地奖金等，创业团队可在政府网站查询信息，或咨询相关工作人员，根据自身对应条件申请。

（2）发展期

当团队的产品已经推向市场并取得一定成绩，团队成员在关键岗位上的分工已经各司其职，对于行业也有了进一步的理解时，创业企业就进入了发展期。发展期往往伴随着销售收入和人员成本的高速增长，此时团队虽然有了一定的收入，但由于团队人员正在快速扩张，因此带来了更高的资金压力，所以依然需要外部资金。这一阶段的主要融资方依然是股权投资中的风险投资（创业投资）者，投资方主要关注的是项目的未来前景和成长性，以及最终是否能够在资本市场上实现高回报的收获。在创业团队接触和选择投资机构的过程中，要注意自己的项目领域和阶段与风险投资机构的匹配性，不同的风险投资机构有不同的关注领域和阶段，创业企业需要在融资前筛选出有契合度的风险投资机构，并且准备好融资材料，在必要的情况下也可以使用财务顾问机构。财务顾问机构可以帮助创业团队对接投资人，打磨商业计划书和推进融资，他们以融资成功后获取融资额的几个百分点作为酬劳。使用财务顾问机构需挑选正规机构,并提前了解该机构的口碑和工作方法。

"兵马未动粮草先行",要有预见性地规划公司的财务需求和相应的融资计划,不能把公司的生存寄希望于一次融资的成功与否。尤其是在投资市场偏冷时,投资方更会倾向于观望,只有在团队证明了自身造血能力的情况下,投资人才会考虑投资。

(3)成熟期

成熟期的创业团队,其产品或服务已经在行业里具有了一定影响力,其中优秀的团队已经有了领先于竞争对手的市场占有率和美誉度。此时,创业团队规模一般比较大,企业已经或者即将整体盈利,并准备上市或者估值已经进入比较高的水平,如被用来称呼未上市但估值已经超过10亿美元的企业——"独角兽"。在这个阶段,企业本身的资本市场路径已经比较明确,如已经有了某个市场上市的时间表和路线图,融资需求可能同时结合了股权和债权。潜在投资人以投资临上市企业的私募资本为主,同时可能有券商的投资和银行的借贷。在这个阶段已可以考虑银行借贷,这是因为,一方面企业本身已经有了稳定的现金流和成熟的商业模式,银行有信心放贷;另一方面企业经过几轮融资,创始团队的股份已经稀释得比较多,在对自身盈利情况有把握的条件下,使用债权而不是股权获得资金也是避免创始团队股份过分稀释的一种方法。

2. 寻找融资资源时的注意事项

(1)资金链断裂

一方面,虽然强调了融资需要未雨绸缪,但实际情况是大部分的初创企业都没有给自己留有足够充裕的现金跑道(即按照月度开支还有多少个月可以生存),所以在融资进度不尽人意时,有可能会出现投资机构还在表达兴趣或者准备尽职调查时,企业已经因资金链断裂而无法经营的情况。有许多发展潜力巨大的企业,就是因为资金链断裂,倒在了黎明前的黑暗中。避免这一风险的最有效方式是时刻关注企业现金流,在融资方面早做准备,并且做好融资失败或者无法按时推进的预案,以至少保证公司可以生存。

(2)融资失败引发团队动荡

融资失败除了会带来资金链断裂的风险外,还有可能带来团队动荡,最终导致创业失败。融资过程本身可以理解为资本市场的投票,如果融资失败就相当于被投资人投了否决票。团队如果在这个过程中感受到被质疑,那么团队的其他成员甚至是创始人都可能动摇,轻则影响士气,重则引发团队内讧或者导致成员离职。所以对创始人的建议是，一方面融资本身应尽量减少相关人员介入，如果需要团队成员配合投资机构的尽职调查，则需提前让团队成员做好心理准备，告诉他们融资的沟通只是一个过程，并不保证合作的一定进行。在融资开始之前做好预案，告知团队成员创始人会尽全力争取融资，即使融资不能达成也不会影响公司的生存，让团队以平常心对待这一过程。

（3）引入"有毒的投资者"

融资失败会引发风险，但其实融资成功也会有相应的风险，引入"有毒的投资者"即是其一。前文提到过可将投资人视为团队的合作方，但同时为了保护投资人的利益也往往会在投资协议里加入许多限定性条款，创始人如果不深入理解就草草签署，就有可能引入"有毒的投资者"。如在投资协议里设定过于乐观的销售，或者将后轮融资估值等业绩作为对赌条款，或者一定时间之内的回购，以及创始人或团队个人无限连带责任等，这些条款在签署之初，投融资双方可能都乐观地预计了企业的未来发展，结果到了时间却无法完成，导致创始团队和投资人发生争端甚至对簿公堂。还有某些投资机构本身不专业甚至不敬业，对团队业务发展过度干涉，在投资之后找各种理由谋取一己之利，甚至明示暗示团队进行利益输出，或者为了早日回款诱使团队从事违法业务等。在投融资这个双向挑选的过程中，一定要挑选优质的投资人。投资机构投过的企业，首席执行官最能体现投资机构的投后风格，所以新融资企业的首席执行官应该和他们对话，来了解投资机构的历史和风格，并以此判断是否值得合作。

（4）多次融资后股权比例失衡

融资的风险还体现在多次融资之后的股权比例失衡，这一情况经常出现在多轮次融资但估值增长不大的企业。可能几轮融资之后，所有的投资人股份加起来已经占了绝大多数，而创业团队尤其是创始人的股份却被稀释到了很低的比例。这种情况下的风险在于，除非创始人特别具有使命感，认为把公司整体做大做强远胜于个人的得失，不然很容易陷入一种打工人的心态，认为反正公司只有极低的股份是自己的，即便做成了也于己无关，从而导致整个核心团队失去战斗力，在激烈竞争的市场中被快速淘汰。避免这一风险的方式是通过在融资过程中适当地安排早期的投资人出售老股，让后轮投资人获得新股，并与老股搭配组合，还可在公司发展势头良好时，提请董事会审议，要求增发新股作为期权以解决团队的激励问题。

（六）信息资源

信息资源是企业生产及管理过程中所涉及的一切文件、资料、图表和数据等信息的总称。当然，文件、资料这些都只是信息的表现，最主要的资源还是信息内容本身。俗话说"信息灵，百业兴"，在这个"快者为王"的时代，商界普遍认为，得信息者得天下，一个信息闭塞的创业者不可能抢占市场的先机。创业过程的每个阶段，从创业机会识别，到资源渠道获取、创业团队组建、创业企业开办、创业企业管理等，都离不开信息的支持。一般而言，创业企业获取信息资源的渠道主要有两种：一是创业者或创业团队通过问卷、访谈、座谈、观察等方式获取一手信息，这类信息针对性强，有效性高，但获取成本高；二是通过公开数据库、图书馆、咨询公司、文献库等渠道获取二手资料，这类数据信息量大，存在真伪，需要创业者具备较强的信息甄别能力，但获取成本低。需要注意的是，移动互联网时代，海量的信息数据库中，信息数量呈爆发式增长，如何从这一信息海洋中，获取对创业有用的信息资源，依然是创业成功路上的考验。

二、创业资源的整合指导

（一）创业资源整合前的准备

在现实生活中，有些人有很好的创意，但找不到实现创意所需的资源；有些人虽自己没有资源，但凭借自己的专业、信息和技术优势，以及自己的个人信用和人脉关系，总能一次次幸运地找到资源实现自己的创业梦想。"机会总是眷顾有准备的人"，创业资源整合不只是一个技术问题，还是一个社会问题。

需要做好以下准备工作，才更有利于创业资源的整合，这些准备工作包括：建立个人信用、积累人脉资源、编写商业计划书、确定资源来源和资源整合谈判。

1. 建立个人信用

如今，市场经济是一种信用经济，信用对国家、企业、个人都是一种珍贵的资源。在整合创业资源时，信用发挥着诚信符号的作用。创业者因为具有创业精神和创新意识，在思维方法和实际行为上各有不同，显示出异质性人才资本的特征，但信用具有同质性和普适性。在市场经济中，诚信是一种市场规则，谁违背了信用，那么他就会在社群内通过口碑传播而被淘汰，而创业最初的资源往往来自亲人、朋友和同事，如果口碑太差，信任度过低，资源整合难度就会加大。

2. 积累人脉资源

要想做成大事，必定要有做成大事的人脉资源和人脉支持系统。人脉是经由人际关系而形成的人际脉络。无论做什么行业，人人都要使用人脉资源。创业者的人脉资源是新创企业重要的社会资本，企业社会资本是指企业通过社会关系攫取稀缺资源并由此获益的能力。按照西方社会学的研究，人脉也即社会网络。美国斯坦福大学的格兰诺维特教授提出了弱关系社会网络理论，他表示异质性较强的弱关系社会网络能够给人们重要的信息资源，而西安交通大学的边燕杰教授根据中国情景研究发现，强关系的社会网络能够带给人们更多的资本、人力支持。需要注意的是，我们不应该把积累人脉资源等同于所谓的"拉关系""走关系"等寻租行为，而是基于正常的社会经历建立的诸如师生、同学、朋友、同事等的人际关系。

3. 编写商业计划书

商业计划书是获得资源整合的重要凭证。编写一份有说服力的、体现创业前景的商业计划书也是创业者及其团队的重要工作。一般而言，商业计划书要突出"我是谁，我要做什么，我要怎样做，我需要什么，我能做到"这些关键点，因为这样能够显著提升获得创业资源的概率。

4. 确定资源来源

首先，创业者需要对自己的人脉关系进行一次详尽的排查，初步确定可以成为资源来源的各种关系或渠道；其次，需要收集各方面可能关系的信息，包括金融机构、供应商、技术服务商、物流服务商、人力资源提供者等，尽可能地精准定位其能够提供资源的类型和合作方式；最后，确定资源整合方式。

同样的资源，不同的整合方式，带来合作效果和经济效益的差别是非常大的。以制造业创业为例，投资额度较大的机械设备，可以通过设备供应商购买获得，也可以通过租赁获得，后者虽然不能拥有设备的所有权，但可以获得使用权，租金的支付数额也较小。

5. 资源整合谈判

无论多么完美的商业计划书，都需要通过最终的谈判才能获得资源。因此，创业者的谈判表现十分重要。首先，谈判前创业者要做好充分的准备，提前预测谈判方可能提到的问题，通过情景模拟法，模拟可能出现的情况，做到运筹帷幄，灵活应对各种情况；其次，谈判中创业者要表现出信心，陈述时要抓住重点、条理清楚，考虑充分资源提供者的利益；最后，选择恰当的谈判时机与场合。例如，选择一个对方心情愉悦的时刻，如选择当对方企业获得了一项重要荣誉或者签订了一份重要合同时。谈判地点可以选择在环境优雅的花园式酒店，而且谈判中的生活性细节都要做好充分的准备。

（二）创业资源整合案例——回车科技

回车科技（全称为杭州回车电子科技有限公司）是一家以计算机为基础，结合心率、皮肤电导率等多维度传感器，实现采集、分析和应用的创新型科技企业。公司发展至今已获百万天使轮投资和千万Pre-A轮投资。它是国内唯一一家实现硬件、软件全部自主研发的公司，回车科技在融资资源的寻找和调用方面做得很突出。另外，公司在其他资源方面也做了许多布局。从创业者群体角度看，主创团队成员均来自浙江大学生物医学工程与仪器科学学院脑控技术高校实验室。创始人兼首席执行官易昊翔毕业于浙江大学生物医学工程专业，辅修创新创业管理；胡潇毕业于浙江大学2017级环境工程专业；苏尚泽毕业于浙江大学2016级化学专业。显而易见，浙江大学就是他们的创业者群体资源。

在合作伙伴网络方面，公司目前合作的机构包括浙江大学求是高等研究院、清华大学心理系幸福科技实验室和浙江大学生物医学工程与仪器科学学院。回车科技与浙江大学求是高等研究院签订了"产学研"合作协议，进行技术上与量化投入产品上的探讨，并作为浙江大学的教育实践基地。与清华大学心理系幸福科技实验室就脑机接口技术在人类情感分析的研究上进行了合作，通过采集用户的脑电波分析用户的情感状态，并赋予积极的引导，提升用户幸福感。浙江大学生物医学工程与仪器科学学院的周泓教授是公司的专家顾问之一。

回车科技正在借助阿里云开发回车云平台，回车云针对企业和个人用户的需求提供接口，实现快速定制服务。经实践验证，回车科技是业内唯一可以达到五分钟配置，半天出样机，最快十五天量产的公司。通过与标杆性企业合作，打磨了产品，也验证了商业模式。

在政府资源方面，回车科技也积极寻求到诸多支持。首先，创始人及团队直接参与到国家脑机融合智能技术研究所的筹建工作中。脑机融合智能技术研究所依托中国脑科学计划，拥有目前国家层面最高的脑科学项目，汇聚了中国脑科学领域最顶尖学者，获得政府资助金额达1.6亿元。由两位院士牵头筹建，共5位院士参与。其次，团队在创业之初就入驻梦想小镇，并且在温州参与浙江大学温州研究院脑科学项目筹建。回车科技不仅在资金和资源上获得了支持，更宝贵的是获得了政府对创业创新的肯定和鼓励。

回顾回车科技对创业资源的利用，首先拥有良好的创业环境——浙江大学的支持，浙江大学给予了他们技术和创业伙伴。其次在创业探索中找到了标杆性企业进行合作，找到了投资团队给予财务支持，还获得了政府和业内顶级专家学者的辅助。

第七节 大学生创新创业教育措施

一、创新创业教育的实施背景

近年来，我国经济社会发展迅速，但同时面临极具复杂的局面。首先，经济出现下行压力。国内生产总值增速由2015年的7.0%下降到2020年的6.1%，到达"十三五"期间增长速度最低点；国内生产总值、进出口总额以及固定资产投资指标增速放缓；中小微企业利润总额持续出现下滑的趋势。其次，新冠肺炎疫情爆发激起新一轮社会问题。2020年初，新冠肺炎疫情突然爆发，迅速波及全球各地，给全球供应链和价值链都带来了严重的阻碍。疫情之下一部分中小微企业面临资金周转困难、停产停业、濒临倒闭等困境，大学毕业生连连遭受就业与创业困难的双重打击，一度影响着社会的就业风向和创业情绪。最后，高校毕业生数量年年呈递增趋势。据国家统计局数据反馈得知，2020届高校毕业生数量达874万人，同比增加40万人。随着高等院校招生名额的不断扩大，与之对应的高等院校的大学毕业生"找工作"压力也在不断攀升。如何实现"精英教育"向"大众教育"的转换成为新时代政府、社会和高校不得不面对的严峻考验。寻找国家发展的新动力、积极解决国内的就业问题、改善就业环境成为政府决策者关注的重点。创新创业的完善与发展成为当下我国既能有效缓解社会就业问题又能快速拉动市场经济的关键途径。

创新创业教育并不是创新教育与创业教育的简单叠加，而是在创业教育的基础上，拓展其教育内涵，将研究的视角多维度展开，并加入创新要素。2010年，教育部将创业教育改为创新创业教育。《教育部关于大力推进高等学校创新创业教育和大学生自主创业工作的意见》中指出："创新创业教育是适应经济社会和国家发展战略所需而产生的一种教育理论与模式，在高等学校中大力推进创新创业教育有利于促进高等教育的科学发展，深化教育教学改革，提高人才培养质量。"《中国大学生创新创业教育发展报告》中首次出现对创新创业教育的理论界定，将其界定为创新创业，指出"创新是指创新一种机制，创业是指创建新的事业。我国的创新创业教育主要面向全体学生，应融入人才培养的全过程。以专业教育为基础，通过转变教育思想、更新教育观念，提升学生的社会责任感、创新精神、创业意识和创业能力。"面对我国当前的严峻就业形势，结合经济社会发展的需要，应保质保量地积极推进创新创业教育。创新创业教育的本质是激发人的创造天性的教育活动，通过创新创业教育能够让大学生解放思想，提升素质，从而更好地实现自身的价值。

二、完善高校创新创业教育校企合作模式

创新创业教育具有很强的实践性，因此必须将创新创业教育的理论内容放到实践中才能真正发挥它的作用。校企的双向管理系统能够有效地利用现有的教育环境和资源，将高校和企业联合起来，通过企业提供的实习机会让学生实现课堂知识向实际操作的飞跃，从而增强学生的实际应用能力与创业就业能力。企业对接高校，实现校企合作，就必须做到产融结合，让大学生在校期间所学的知识在实践中能够有实际效用，这样才能让校企合作成为可能。

简单来说，学校和企业一起来完成某一任务而进行的合作形式就被称为校企合作。这种培养方式更加注重教育质量，关注学生学习的实际情况，能够更好地整合现有资源，也能为创新创业教育提供更好的实践平台，实现企业与学校的互利双赢。

（一）丰富校企合作内容

作为学校，要充分利用校友资源，积极与企业取得联系，努力为学生提供实习机会，让学生能够顺利实现学生到社会人的过度，并在实际生活中实现自己的价值。

创新创业教育的最终目的是促进人的全面发展，大学生通过在校对专业知识的学习，能够对专业领域的内容具有基本的了解。而创新创业教育通过与专业教育的结合，能够更好地为大学生的创新创业提供帮助。以校企合作的形式进行创新创业教育，首先要了解企业的需求。校企合作的主要形式以学生到企业实习为主，学生在校期间的知识学习积累到一定程度后，学校会通过多种方式和多渠道安排学生进行实习，安排的单位大都是学校的附属企业或机关单

位，这样单一的合作形式，对大学生的创新创业起到了一定程度的阻碍。因此，要在大学生实习的基础上不断丰富校企合作的内容，如企业与学校共同进行项目研究，并让学生参与其中；企业开发新工程，将一部分内容交给学校，让学生作为实践进行操作；高校研究的成果，由企业验证，具体过程由高校教师、企业员工和学生合力完成等。通过多种方式的校企合作，不仅能让企业和高校从中受益，更能让大学生参与到实践的具体环节，这对于大学生创新精神和创业能力的培养都是十分有益的。

（二）搭建校企合作平台

搭建校企合作的共享平台，有利于进一步深化创新创业教育改革，有利于培养创新创业的新型人才，有利于科研成果转化为实践应用。构建共享平台，能够充分利用现有的教育资源和环境，为社会和企业输出更多的高素质人才，确保人才善于创新，具有创业能力。

创新创业教育回到实践中就离不开企业的支持，学生通过在企业实习能够将在校所学知识运用到实践中，将所学的知识系统化、条理化，还能学习到课本上没有的实际知识，丰富自己的社会阅历。例如，信息技术类的企业在发展中常常有些项目会受到人力或时间的限制，而在高校学习计算机专业的学生不仅有专业知识的支撑还存在着创新创业的设想，这样校企对接起来就能很好地解决问题，使双方都得到发展。同时企业还可以将一些项目公开向学生进行"招标"，完成后企业支付项目款。通过这种形式的实践活动，企业能够找到合适的项目进行孵化，大学生也能实现自己的创业梦想，是一种互利双赢的操作形式。而到企业实习则能让大学生更为直观地认识职场生活，能够真正接触到创业成功或正在创业的人，这些人的实际经验对于大学生来说更是不可多得的财富。

将创新创业的项目与企业联合进行，不仅能够让大学生接触到更多的人，提高自身的沟通能力和应变能力，还能够让大学生的创新创业项目"落地生根"，获得更多的技术指导和资金支持。大学生还能够通过带薪实习的方式，为以后的职业生活培养更好的职业道德，树立正确的职业道德观。

（三）制定校企合作激励制度

在创新创业政策的驱动下，掀起了创新创业全民浪潮。大学生最容易接受新鲜事物，随着"双创"意识的逐渐增强，应该努力增强大学生对创新创业知识的理解。众所周知，大学生具有很大的潜力，制定校企合作激励制度能够鼓励那些在创新创业活动中具有良好表现的团队或者个人。这样会起到带动作用，激发大学生对创新创业的热情。因此要鼓励和引导大学生，可以通过物质与精神奖励相结合的形式，大学生在校期间的物质财富来源单一，大都靠家庭提供，物质比较匮乏，所以给予物质奖励边际响应比较显著，对大学生的吸引力也较大。与此同时，大学生对精神生活的追求也十分看重，精神世界的满足能够促使其自信心的增加。所以将物质奖励与精神奖励结合起来，对大学生创新创业能起到事半功倍的效果。

三、通过实践提升"三创"技能

"三创"，即创新、创业、创造，都是实践课。什么是实践课呢？骑自行车、游泳、开车、做饭，这些都是实践课。实践课必须通过动手去实战练习才能学会，学书本、只听教师讲，是学不会的。如果想学游泳，不管看多少视频、记住多少理论和公式，背过多少本书，不真正跳到游泳池里操练起来是学不会的。学习，是两个动作，学+习，这两个动作都做了，才叫学习，才能学得会。读书、听教师讲是"学"的过程，而思考、练习、分享、实践、复习，这些都是"习"的过程，所以学习"三创"离不开实践。"三创"是在实践中体验酸甜苦辣，体验犯错、修正、再犯错、再修正，它是一个螺旋式上升的过程。

创新创业者最常遇到的情况就是要人没人，要钱没钱，要先例没先例，但正是这种有限制的外部条件，才激发出了创新创业者无限的创造力，逼得创新创业者必须克服外部条件的限制。真正的创新创业者，是把外部限制当成机遇，而那些不敢创新创业的人，则把外部限制当成借口。内部自我设限是创新创业者的天敌。那么，创新创业者如何突破外部限制，用好自身的创造本能和天赋呢？这里给出六条原则。

第一，开放心态，带着好奇心去尝试。要去掉类似"不行，我讲的不好，我还没准备好""我干不了，别人会笑话我的""我失败了怎么办"这些内在评判。开放的心态后面都带着好奇心：如果尝试了会看到什么？自己会学到什么？用户为什么会有那样的行为？不带有自己的评判，而带着天然的好奇心，去接纳，去延迟评判，如果创新创业者能保持住这种好奇心，就会更加享受创新创业所带来的体验和风景。

第二，快速行动力，低成本原型试错。平时很多人想去做事、想去实践，但往往都是想的很多，却不敢尝试。经历过新产品开发的人都知道，一开始想了那么多，到真正做的时候却发现想的都不对，因此与其闭门造车，还不如先做起来。

这里所讲的快速行动力是指快速低成本试错，在快速低成本试错的过程中才能发现真正的发展方向。

第三，用手思考，快速迭代。创新创业者不要停留在一定要把事情想完美了，想万无一失了再去做，而是要向第二条所讲的那样要立刻开始行动。有人会问：如果还没想好该怎么办呢？没想好也要去做，做的过程中才知道哪个地方没想好，才知道应该怎么把有用的东西做出来，才知道应该怎么去想。人们平时用大脑想的太多，而用手用的太少了，千万不要让大脑控制了自己的手，而不去行动！创新创业者要先用手做起来，而让大脑跟着去思考。

第四，建立犯错免疫力，从小失败开始。前面这三条都是在帮助创新创业者建立犯错免疫力。从小到大，失败和犯错都是不被允许的，都是令人尴尬没有面子的，但是创新、创业、创造都注定会经历失败，如果因为害怕失败而捆住了自己的手脚，那自然不会成功。失败是成功之母，是创新创业者的朋友，创新创业者要想成功，就要用好犯错这个朋友。这里有一个方法，就是做小的尝试，低成本试错。在小失败中快速学习、快速成长，在不断试错的过程中，提高尝试的成本，一点点建立起犯错免疫力。

第五，异花授粉，拥抱差异性。未来的创新一定属于那些拥抱差异性的人。平时大家都喜欢同自己一样的人，而不喜欢同自己不一样的人，但是如果周围人都是同自己一样的人，那自己就没有办法接受更多的、新的、不同的想法，有差异才能促进创新。在美国的高校里，博士毕业后，都要去一个不同的地方做博士后，并去研究不同的专业方向，这就是在异花授粉、拥抱更多的差异性，以保持不断创新，保持不断有新的物种产生的机制。

第六，打造团队，鼓励试错迭代，打造容错的环境。一个人去进行创新、创业和创造比较困难，但如果有团队，团队成员一起去努力就更容易获得成功。团队本身要有差异性，如果是科技企业，团队成员不要都是工程师，要有不同领域、不同专业的人才，如要有心理学家、市场专家、人文学者，这样的团队能够更好地理解市场上用户的需求。团队要能够容忍犯错，打造容错的环境。这一点说起来容易做起来难。团队领导看到团队成员做错事，一定要忍住去修正他们错误的冲动，团队领导要把握大方向，具体事情要让团队成员自己摸索，有自己犯错和提升的空间。如果自己是底层员工，那么最好能够找到一个包容的团队，允许犯错，这样自己才敢去试尝鼓励试错迭代，才能成长。

综上所述，"三创"实践侧重知行合一，如果只知道字面上的意思，那是绝对不够的，只有体现在行动上，才能真正掌握"三创"技能。

四、发挥高校思想政治教育对创新创业教育的价值引领

思想政治课在高校教育理论课中占有重要的位置，它不仅能在现实中解决大学生的困惑还能帮助大学生树立正确的人生观和价值观，这对大学生的成长成才起到了关键作用，同时在创新创业教育中也起着不容忽视的价值引领作用。

（一）以思想政治教育引领创新创业教育的价值内容

创新创业教育在内容上与思想政治教育有共通之处，像是高校思想政治教育中关于职业道德的教育、大学生心理健康、形式政策以及理想信念教育等的设置和开设都是为了能够有效地帮助大学生健全人格品质，提高思想政治觉悟，强化社会责任感和服务意识，形成符合自身发展和社会发展的远大理想，形成积极健康的心理和完善的人格。创新创业教育从个体价值出发，注重引导大学生树立正当的价值观念，激发大学生在实践过程中不断提升和实现自我价值。从社会价值出发，能够使大学生在实践环节中适应职业发展和要求，不断调整和完善自身，进一步丰富和借鉴他人经验，为创新创业奠定基础，同时也培养了大学生良好的职业道德和品质。结合实际情况和社会需求，积极引导大学生形成合理的价值观念。

1. 创业观教育

创业观也是大学生创新创业教育的重要内容。世界观、人生观和价值观从根本上指导了人的一切的外在行为。一个拥有正确积极的世界观、人生观和价值观的人，一定会对他的目标付出艰苦卓绝的努力。要使大学生拥有正确的创业观，就要在对他们进行的创新创业价值观教育过程中结合创新型国家建设的需要，使他们明白自己可能在创业过程中遭遇的困难和挑战，使他们勇于开拓创新，找到新的发展思路。所以，在对大学生进行创新创业教育价值观教育的时候，应该积极借助各种手段，使大学生在创新创业的过程中，不断做出既符合个人追求也符合社会追求的选择。在发展自身的同时，也牢记建设社会主义的伟大使命。

良好的创业心理素质也是增强大学生创新创业教育实效性的重要内容。所以在教学过程中，不能只向学生展示成功的创业案例，更应该带领他们对一些经典的失败案例进行分析，分析失败的原因，并从中吸取宝贵的经验教训。

在这个过程中，使大学生意识到，创新创业的道路并不是一帆风顺的，很可能会遇到大的风险和挑战。对大学生进行创业培育的目的就是使他们拥有良好的心理素质，要锐意进取、志存高远，在创业的过程中不遗余力地发挥自己的才干，利用所学闯出一片自己的天地。同时在面临失败和打击时，也要拥有强大的心理素质去承担风险和责任，养成屡败屡战的坚韧精神。所以在对大学生进行创新创业教育时，切不可忽视对他们心理素质的培养。

2. 理想信念教育

理想信念教育同样应该是大学生创新创业教育的重要内容，是增强创新创业教育实效性不可忽视的问题。大学生只有拥有崇高的理想和坚定的信念，才能在创新创业的活动中目标明确，并为了目标的实现而付出长久的努力。人的理想可以包括社会、生活和创业理想等，而创业理想的成功也有助于社会理想和生活理想的实现。对大学生进行创新创业价值观教育时，同样应该包含对理想信念的教育，应该引导大学生找到明确的创新创业方向，找到适合自己的创业思路。在这个过程中还要帮助他们不断地完善自身的素质，在创业中充分发挥自己的能力，找准自己的兴趣所在。所以，创新创业价值观培育的课程中，创新创业理想信念的教育一定是必不可少的。

3. 职业道德教育

对大学生进行的职业道德教育也是创新创业教育必不可少的内容。职业道德是指人在劳动的过程中应该遵守的准则和规范。遵守诚实守信、爱岗敬业、服务人民等职业道德是每个公民的基本素质。目前来看，在对大学生进行的创新创业教育中，职业道德的教育非常重要。在过去的思想政治教育课程中，理论说教的内容与现实严重脱节，也有一定的滞后性。所以在创新创业教育中，应该加强对大学生自律意识的培养，使他们改善自律意识差、社会责任感缺乏的现状。在创新创业的价值教育中，引导大学生树立远大的职业理想，养成良好的职业习惯，具备良好的职业道德，这正是大学生创新创业价值教育的重要内容。

（二）以思想政治教育丰富创新创业教育的载体模式

创新创业教育可以最大限度地挖掘思想政治教育的育人功能，将实践能力放在首位，把社会价值和大学生的个人价值统一起来，并联系社会的发展方向使创新创业教育成为思想政治教育的新载体。

1. 课程主渠道载体

创新创业教育是为了提高大学生创新精神和创业能力设置的课程，目前全国各高校大都开展了关于创新创业的选修课或是必修课，但从整体上来看，目前的课程设置还不足以实现创新创业教育的实质和目的，还不足以全面提高大学生的创业能力和创业素质。创新创业教育还需要一系列的专业课程以及基础课程，这样才能引导大学生树立创新创业的观念，提高大学生的创业素质。如目前高校思想政治理论课中的基础课程——思想道德修养与法律基础，积极倡导正确的价值观念，引导大学生树立符合社会主流思想的道德品质，为大学生树立正确的创业理想和选择奠定了理论基础。高校的专业教育是大学生学习专业技能、提升专业能力的主要方式和途径，通过对专业课程的学习，可以进一步激发大学生对本专业的兴趣和职业认同感，能够积极了解行业动态，树立积极的行业精神。对本专业的深入研究能够为大学生提供更多的思路和知识积累，进而提高创新能力和创业素质。

2. 实践活动载体

创新创业教育最有效的载体就是实践活动，所以高校必须在实践中不断摸索，合理进行规划，有计划实施，逐步提高大学生的创新创业技能与知识积累。创新创业教育的实践活动目前来看比较单一，主要为创新创业大赛和创业园项目等，除此之外，创新创业的实践活动更要和思想政治教育的实践活动紧密结合起来。

例如，开展以创新创业为主题的班会或辩论赛，大学生能充分参与其中，从多个角度了解创新创业；考察参观当地创业成功的企业，与成功的企业家交谈，能使大学生对创新创业有更深层次的了解，并能从中吸取经验。通过多种实践方式，让大学生获得丰富的情感体验，树立起积极进取和敢于担当的社会责任感；了解创业的艰难困苦，感受企业文化带来的影响；并经过自身的实际体验做出有利的调整。

3. 网络教育载体

新媒体技术的出现，让网络成为新兴的教育阵地。目前，高校的思想政治教育也已经开始向网络思想政治教育模式转化了，它的主要教育内容体现在大学生成长成才过程中的价值引领上，大学生在遇到难题时大多时候都会进行网络搜索，对创新创业教育更是如此。创新创业已经成为时代发展的选择，与大学生的发展切实相关，因此网络思想政治教育也必须在创新创业教育的内容上给予回应。利用丰富的载体形式，积极有效地传递信息，同时还应注重进行价值引导和渗透，促使大学生树立正确合适的目标，在个人的发展中融入社会主义核心价值观要求，实现线上与线下的同步。在对大学生进行创新创业教育时，可以充分利用新媒体技术。新媒体的出现颠覆了传统的信息传播方式，改变了人们获取知识信息的渠道，在不知不觉中影响着人们的价值观念、行为方式和思维方式。所以在对大学生进行创新创业教育时要及时充分发挥新媒体传播的优势，引导大学生形成对创新创业的正确认识和理解，注重创新意识和创业能力的提升与养成。

网络创业模拟是通过课堂教学和网上互动的形式，将理论知识和创业的实践操作环节结合起来的一个网络在线教育平台模式。这个平台可以为大学生提供一个在课堂外学习和实践的场所。在这样的平台中，大学生可以不受时空限制，满足个性化学习的需求。现阶段，网络虚拟教育平台在创新创业实践上已经取得了一些成果，但是还有很多不足之处。例如，网络虚拟教育平台并不能模拟创新创业中的风险。所以高校在利用网络对大学生进行创业模拟教育时，也要做好两方面准备工作。一是要将风险意识教育放在重要的位置，加强大学生的理解，帮助大学生在创新创业的过程中树立较强的防范风险的意识；二是对创新创业的模拟过程应不断完善，创新创业的模拟过程应尽可能真实，综合考虑各种实际因素。这样才能更好地培育大学生的创业思维和自主学习能力，使创新创业实践教育更加有效。

在新时代，微信、微博和QQ等社交媒体深受大学生的喜爱，使用普及率几乎达到百分之百，在创新创业中也是他们获得信息和知识的重要渠道，并且潜移默化地对他们的世界观、人生观和价值观的形成起到了一定的作用。所以要主动利用新媒体的形式，来对大学生进行创新创业教育。一方面，参与创新创业教育的教师可以借助新媒体，润物无声地对大学生进行教育，从而使大学生具有创新意识并训练他们的创新思维。教师可以利用网络加强宣传工作，使大学生意识到国家对创新创业的重视和投入，在促进创新带动经济转型的浪潮中，大学生应该走在最前线。使大学生意识到，作为国家的栋梁应该承担起建设创新型国家的责任。二是教师要加强对新媒体知识的学习，做到能够熟练应用，并在此基础上强化创新创业的队伍建设，不断更新传统的教育理念，以平等的方式通过社交媒体与大学生讨论创新创业问题，通过这种形式在不知不觉中影响大学生对创新创业的认识，提高他们对创新创业的热情。

五、完善大学生创新创业政策

（一）溯源突发事件的影响

我国大学生创新创业政策的问题虽呈现出渐进显化和加深的特点，但部分复杂的问题仅靠指标和反馈并不能凸显，这时需要一些类似于危机变化或流行符号的推动力来促使社会公众及政府决策者的关注。2020年新冠肺炎疫情的全球蔓延使得经济全球化陷于停滞，传统实体经济和外贸经济发展陷入低谷。溯源国际重大突发事件——新冠肺炎疫情带来的社会经济影响，结合大学生创新创业的现实情况，能合理规划创新创业政策的发展路径。

1. 大力发展数字经济

由于数字经济具有不容易受疫情扩散影响的特性，得到了快速而长效的发展。在此情形下，政府应发挥大学生的数字技能，全力引导大学生转向信息行业就业发展，采取措施鼓励大学毕业生通过网络平台自主择业与创业，保持就业创业热潮。此外，新冠肺炎疫情在一定程度上刺激了网络信息的快速发展，国务院及相关部门已开始为高校毕业生提供线上指导就业创业服务，大学生创业网络服务平台的搭建现已成为健全创业与创新服务体系的必要途径。第一，各级政府要重视创新创业政策的数据收集与分析，设立专门网络服务平台按时分享，确保大学生创业者有效接收真实可靠的创业资讯。第二，调配和协同中央与地方的各类教育资源，运用网络技术及信息化教学方式，开发并共享一批线上创新创业课程或讲座视频，为大学生营造随时听课、随时学习的良好创新创业教育环境。

2. 注重时政经济背景

大学生作为未来创新创业的主力军，与政治、经济社会的发展密切相关。政府在问题流发掘的过程中要注重时政经济背景，将大学生创新创业活动与"一带一路"倡议紧密结合起来，为我国高校毕业生创新创业提供良好的政策环境和经济背景，以出台资金补贴、教育实践、指导服务等各项扶持政策的方式积极为新冠肺炎疫情期间存在的就业压力减释赋能。

（二）完善问题流反馈机制

反馈渠道是问题源流中反映指标和信息变化，从而发现问题并引起决策者注意的重要环节。其中，政策反馈机构是每项政策实施效果的检测与评估载体，判断一项政策是否继续跟进或者完善与终止，其反馈的指标和内容必不可少，也是我国政府实行政务公开的必要条件。大学生作为创新创业政策制定者关注的重点群体，他们的反馈更具有典型性和针对性，是检验政策内容是否科学、政策执行是否高效的关键因素。

1. 设立专门政策反馈中心

在各高校或各高校创业孵化基地设立科学完善的大学生专门政策反馈中心，加强大学生群体与政策制定者之间的沟通和交流，听取政策受益者对政策议程的看法和建议，帮助政策制定者直观了解大学生群体的所观所想，清晰认识到已有政策的不足之处，对后续大学生创新创业政策的改进和完善有一个清晰的方向。

2. 及时公示反馈结果

根据新时代政府部门政务公开的基本要求，政府应将沟通和反馈的结果及未来拟定的政策方向进行公示，增强公民群体与政策制定者之间的合作和信任，提升政策内容的可行性，在政策执行的过程中得到各类群体的理解与支持，继而推进后续政策的落地和执行。

第八节　大学生自主创业案例举隅

本节以快印行业O2O移动平台的创立为例，介绍在"互联网+"背景下的大学生自主创业过程。

一、项目简介

（一）技术特点和优势

移动上网设备和用户基数巨大且增长迅速，可以实现即时的信息对接；可以通过行业规范来降低沟通成本；快印店熟悉计算机的使用技能，适合O2O的推广。

目前，移动上网设备持有量随移动互联网的风靡迅速增长且基数巨大，中国市场上的移动上网设备及移动互联网用户数量增长迅速。各行业传统的服务模式已经不能满足现代人的个性化需求，现在人们更加倾向于动动手指就能享受到方便快捷的服务。"花钱买服务，一部手机搞定一切"的理念已经深入人心，餐饮、住宿、出行等日常生活需求通过一款简单的手机App就能搞定，省时省心的服务为人们大大节省了时间与精力。

由于快印行业的特殊性，商户对于计算机等设备的广泛使用给O2O的推广提供了更有利的条件。如今，人们对于移动上网设备的依赖是移动互联网项目取得成功必不可少的条件。

（二）所属产业及趋势

印刷行业有着万亿级的市场，虽然整体趋势下行、产能过剩，但是个性化印刷、快速印刷的需求增长明显。若客户的需求不能得到满足，快印店由于接不到订单，经营成本增加而利润微薄，这个时候就可以充分利用O2O平台整合资源的优势，给用户以充分的选择权利来选择质量最好、效率最高的服务，为商户提供广泛的订单来源，促使快印行业的服务向着人性化、收费向着标准化的方向发展。

（三）市场需求及趋势

目前整个印刷市场竞争激烈，行业价格混乱，服务质量不一，完成时间无法控制，店面成本极高。所以快印行业想要提升服务质量，就必须向着快速及时、服务规范化的方向发展。

（四）投资及其效益

天使轮投资的目标是200万元，出让15%以下的股权，预计6个月时间，做到400家快印店、4000个订单；进入A轮融资，融资1000万元，出让10%以下的股权，1年之内做到1000家快印店、1.2万个订单、1万个注册用户；进入B轮和C轮融资，用3年左右时间上市。

二、项目的可行性

（一）客户的实际需求

客户不易找到价格合理、按时保质完成印刷的快印店。

几乎每个人都有过打印资料的经历，一般来说，整个过程分为以下几步：首先将电子文档由计算机拷贝至U盘等移动存储设备上，然后将移动存储设备带至快印店，最后将移动存储设备连接到快印店计算机上，完成打印。如果快印店距离较远或者在一个陌生的地方，则这个过程将变得更加费时费力。随着人们消费理念的转变与移动互联网的普及，人们对"买服务就是买时间"的感受更为直观，用户更倾向于足不出户、只需要计算机或手机上的几次简单点击所带来的方便与快捷。如果有一款手机或者计算机客户端能将文档发送至快印店，然后由快印店打印完成后送到用户家中或者用户到店中可以立即取走已经打印完成的文件，那么必将给用户和商家省去很多的时间和精力。

（二）快印店生存状况

快印店店面成本过高，需要通过更多的渠道提高店面营业额。传统快印店为吸引用户一般都将店面设在街边，在增加客流量的同时不得不承担临街店铺高额的租金以及初期店面的装修成本等。如果有一种方式既可以让快印店拿到订单，又可以省去大部分的房租成本，这对快印店来说无疑是一个利好消息，同时这也是让快印店与O2O平台合作的主要驱动因素。让传统的街边快印店回到写字楼或者居民楼，这是最初的构想。目前来说，整个快印行业没有一个统一的收费标准，同样的工作量，在不同的快印店可能就会有不一样的收费。刷刷快印服务器可以把多家店铺集中在一起以供用户选择，用户肯定会选择服务好、价格低的商家，同时也会让商家通过提升服务质量来吸引用户。所以说搭建商家与用户之间的桥梁会让整个行业的服务收费趋于标准化，服务质量得到有效提升。

三、项目方案

（一）服务模式

用户通过订单描述，将打印内容、要求、数量等信息上传至刷刷快印服务器，由刷刷快印服务器将订单进行二次推送，将用户打印信息由近及远推送至各快印店，由快印店进行抢单。最终由服务器将抢单成功的店家信息返给用户，由用户和快印店双方协商打印要求、取货方式等，完成打印操作。

（二）服务特色

充分利用如今移动互联网的优势，通过即时的信息交换，实现最为方便、高效的快印服务。

将目前快印行业的局面化零为整，利用"团购"优势降低快印店的纸张等各类耗材的采购价格，让店家拥有更大的利润空间。

大大增加用户与商家之间的交流，促使商家通过提升服务质量来吸引用户，让整个行业服务趋于标准化。

让传统的快印行业与客户的实际需求灵活、紧密地结合，满足了各类人群对于个性化印刷的要求。如针对经常需要打印的用户的加急业务，针对经常出差的用户的异地送货业务，针对公司、各类学生社团等的宣传活动海报设计、制作等业务。

用户可以用App的定位功能迅速查找到周围最近的快印店，通过查看商铺的信用等级等信息来选择中意的商家，省时省力。

（三）盈利模式

1. 打印业务分成

根据用户的交易金额，按一定比例抽取利润。以最常见的A4纸黑白打印为例，目前激光打印机的打印成本为0.04元左右，而打印一张的价格参差不齐，校园中大约为0.1元，市面上是0.5~1元。针对此情况，为校园打印店设定较低的分成比例，只把校园打印当作积累用户的渠道；可以将市面上的打印店的抽成比例设置为价格的10%左右。

当App普及后，各个打印店所组成的网络可以对打印价格进行协商与调整，通过整体价格的提升获得更大的利润。随着价格的提升，每单抽取的利润比例也会有所上升。以一家店每天打印200张、均价0.5元计算，每月从一家店铺大概可以抽取300元，仅100家店就有3万元的收入，利润可观。

2. 耗材供应利润

当平台得到推广后，可以将中小打印店的耗材需求集中起来，再作为中间供货商与耗材厂家进行谈判，从而在与耗材厂家的议价谈判中占据主动。如果能够将采购成本压缩，那平台便可从耗材的转售中获取利润，从而实现盈利。以硒鼓为例，市场上的售价在300元上下，然而其成本仅为售价的三分之一甚至更少。如果能将耗材进价压低三分之一，那平台便可以作为中间商售卖耗材，从每件耗材上提取相应的利润。按照之前的假设，每家快印店一年需要换50只硒鼓，那么从一家店中一年就可以获得近5000元的利润。

3. 加盟费

当印刷平台普及后，传统的街边快印店必将面临订单量减少的问题，不得不与印刷平台合作。为了充分让利于快印店，只能通过收取少量加盟费来获取利润，这部分利润只占收入的一小部分。

四、市场营销方案

个性化印刷App想要生存和发展，就必须发展其特有的客户群。然而，想在一夜之间积累起大量的用户并不现实，所以需要制订出一套切实可行的推广方案。初步设想是，根据潜在的用户群体特征及需求采取具有差异化的推广模式，从而达到积累客户的目的。

（一）向学生群体推广

在校大学生是个性化印刷App在推广初期需要极力争取的用户群体。虽然每个用户的印刷量不大，但是将这些零散的印刷需求化零为整，同样可以创造不小的盈利额。

在推广App的同时，更要注重对用户使用习惯的培养。"淘点点"利用类似"一分钱买饮料"的方式来培养客户，利用客户端点外卖的习惯，平台也希望能通过活动让用户接受这种在App上打印的消费方式。

通过活动与各打印店建立联系，争取其加盟，以构建初步的打印店网络。

1. 下载赢礼品

在校园中设置活动点，鼓励路过的人扫描二维码下载App，下载的人可以获赠一份礼品。赠送礼物的方式可以让行人驻足，这时工作人员就可以借此宣传App的特点和作用，向潜在目标群体进行初步的推广。同时，考虑到下一步的活动需要借助App完成，所以这也是为今后的推广做铺垫。

2. 体验免费打印

在校园打印店旁设置活动点，向前来打印的人推荐使用App进行自助打印。如果使用自助打印，可以免费打印一份文件。对于需要进行打印的人来说，通过App进行自助打印既不用付钱，也不需要排队等待，这无疑是非常有吸引力的。而在前期没有下载App的人，可以利用工作人员提供的客户端先体验App的打印服务，在打印的同时完成App的下载。

3. 合作求共赢

考虑到免费的自助打印服务可能会对打印店造成一定的困扰，则需要事先与打印店沟通，鼓励打印店加入App的供应商网络。一方面，加入供应商网络可以让打印店获得更多的生意，更好地利用闲暇时间，提高收入；另一方面，App自带的功能可以让供应商更好地管理耗材库存，降低管理成本，而当用户群体积累到一定程度时，打印店可以借助App来招揽客户，这样就不必在场地的租赁上花费重金了。

4. 大面积宣传

印发大量的传单、宣传册，在宿舍楼、办公楼等场所进行发放。定制印有产品二维码的鼠标垫等用品在人群密集场所免费赠送。

（二）向白领推广

在写字楼里上班的白领，虽然其公司里会有打印机，但他们的名片往往还是需要去打印店进行特别定制的。个性化印刷App可以帮助这些白领完成名片的自定义制作。如果能把这一部分的需求整合，同样是一个可观的收入来源。

宣传打印品外送服务。白领经常需要赶工，那么打印品外送就是一个很好的增值服务，大大节约了用户的时间。

免费送名片。在写字楼下设置活动点，为上班的白领免费定制一盒名片。只要下载App并在客户端编辑自己喜欢的名片版式，留下自己的地址和联系方式，工作人员便会在之后将印刷好的名片送到其办公地点。通过免费送名片的方式让白领们知道一种更为快捷、方便的打印方式，以此来发展目标用户群。

在微博和社交网络上推广。增加媒体曝光度、快速积累人气，同样是现阶段行之有效的推广方法。在Web 2.0时代，企业的营销方式正在从单向传播转向互动沟通，微博由于其沟通便利、实时性强、成本低廉以及用户年轻化等特性，逐渐成为企业与客户互动沟通的主流平台。

（三）社群媒体宣传

社群媒体是企业在公众面前展示形象、与公众沟通交流的新阵地。个性化印刷App将在微博、微信等社交平台树立自己的良好形象，对自身提供的产品进行广泛的宣传。专职社群媒体管理员负责官方微博、微信的发布和更新，其主要工作有加粉丝、做评论、策划选题等。管理员专门负责收集与打印相关的资料，包括公司内部状况、社会动态等不涉及商业秘密的部分，并在社群媒体中发布。

五、企业管理方案

（一）公司性质

集个性化印刷App前期研发、建站上线，后期推广、宣传、维护为一体的责任有限公司。

（二）部门职责

按功能划分，公司的职能部门包括：董事会、总经理室、营销推广部、人力资源部、财务部、产品设计研发部（技术部）、市场部。

董事会：由公司大股东组成，负责重大事宜的决策。

总经理室：对董事会负责，掌管公司日常活动。集中管理下属各部门，并对其进行监督。

营销推广部：负责打开个性化印刷App市场，并对产品进行推广。

人力资源部：负责挑选各大部门所需要的优秀人才进入公司，充分挖掘、培养员工才能。

财务部：对公司财务负责，集筹资、使用、分配为一体。负责日常会计工作、本年度结算工作、下年度预算工作等。

产品设计研发部（技术部）：负责个性化印刷App的研发设计，网站上线后的维护与完善，产品研发。

市场部：负责市场调查（包括网站建站前期的可执行性调查、上线后的用户满意度调查等），并将调查数据及时反馈给总经理，以便公司能迅速根据市场做出相应调整。

（三）薪资福利

基本薪资为基本月薪（由职位不同划分不同的薪资）加年中、年终奖金。福利包括以下几项。

①提成：员工根据工作效益、工作完成进度，按一定比例进行提成。

②考核奖励：年中、年终根据员工半/全年的表现进行考核，优异者获得物质奖励。

③表彰突出个人：对在本工作领域有杰出贡献的员工，经部门负责人提请，报备总经理，核实情况无误后进行物质奖励。

④"基本薪资+福利"的福利制度是当今大多数公司常用的福利方案。有利于最大限度地提高员工的工作积极性，使公司更具竞争力。

（四）人力资源管理

为了适应未来高速变化的市场环境，企业将设计充分体现弹性的人力资源规划，重点做好以下三项工作。

评估：由人力资源部建立一套人力资源评估体系，对企业现有人力资源进行整体性评价，以便企业能够清楚地了解现有人力资源的质与量。

核心人力资源：那些能使企业保持竞争能力的核心人力资源，将是企业人力资源规划的重中之重，会为之设计专门的激励机制、进行教育培训、设计合适的职业生涯规划，并不断地招聘人才以确保核心人力资源群体的扩大与质的提高，并使他们能够长期留在公司。

人员储备库：企业将建立人力资源库，以适应市场的瞬息万变，并做出相应的培训计划，以确保企业在面临生产、服务或销售扩张性机遇甚至管理结构出现异常变动的情况时，能够从人力资源库中挑选满足各部门需求的人才。

（五）员工持股

在风险资本依约退出公司之后，为了更好地将员工与企业利益紧密地联系起来，实现企业与员工的价值趋同，应健全激励机制，使员工与企业双赢。企业将采用目前较为通用的"虚拟持股"方式，即在员工没有实际持股的情况下，设计相关制度与激励计划，使其产生与实际持股相类似的激励与约束效果，提高员工的团队精神和创新意识。

主要采用业绩股票（股份）计划，它是指在年初确定一个较为合理的业绩目标，如果激励对象在约定期限内达到预定的目标，则公司授予其一定数量的股票或让其提取一定的奖励基金购买公司股票。业绩股票的流通变现通常有时间和数量限制，最终员工持股比例约占总股本的30%。

六、项目进度安排

用1个月的时间进行市场调研，确定项目服务模式，了解市场需求，预估项目风险。

用3个月的时间出产品，引入天使投资，同步进行产品完善和市场推广。

用9个月的时间做到400家快印店、12000个订单、5000个注册用户。进入A轮融资，融资1000万元，出让10%以下的股份。

用21个月的时间做到1000家快印店、300000个订单、20000个注册用户，进行B轮和C轮融资。

总之，创业不是一件仅凭热情就能干好的事情，拥有具潜力的项目和精诚合作的团队都是必不可少的条件。创业不是一件说干就能干的事情，干之前必须经过深思熟虑，并且做好周密的计划，否则一定是一个人躺在床上想得激情澎湃，第二天醒来却发现自己不过是凭空画饼。

有的人还没有确定创业的方向就已经在为启动资金而发愁，其实完全没有必要。有句话叫"酒香不怕巷子深"，只要想法足够好，投资人是绝对可以察觉到的。当投资人对项目产生兴趣之后，就会想要了解项目的其他方面，团队就是其中极其关键的一项。

好的项目只有交给好的团队，才能更长久地发展下去。一个有执行力的团队除了要有良好的知识储备之外，更需要有团结一致、甘于付出的精神。如果每个人总是有自己的打算，那么项目在这样的团队中必将走不远。所以组建团队时一定要对团队成员知根知底，选择志同道合的团队成员。

不断充实自己才能让自己更快地成长。用各种方法去学习，多向周围的人请教，多向前辈请教，多借鉴一些过来人的经验会使自己少走很多弯路。积累知识，积累人脉，这样的资源在任何时候都不会过期。

也许有的人正有创业的打算，也许有的人已经走在了创业的道路上，也许有的人已经取得了不错的成就，都请继续加油！只要这是一件自己喜欢的事，那就没有对错之分。无论成功与否，这都将是自己人生的一次宝贵经历，也是一次了解自己的最好机会。

参考文献

[1] 陈姗姗，吴华宇. 大学生职业生涯规划与就业创业指导[M]. 重庆：重庆大学出版社，2017.

[2] 柳森，杨冬吉，于永海. 大学生职业发展与就业创业指导[M]. 北京：北京理工大学出版社，2018.

[3] 王丽萍，闫丽霞，刘娜，等. 大学生职业规划与就业创业指导[M]. 上海：上海交通大学出版社，2019.

[4] 姜辉，金晓晖. 大学生就业创业指导[M]. 2版. 北京：化学工业出版社，2021.

[5] 熊立新，尹华北，潘日鸣. 大学生职业生涯规划与就业指导[M]. 长沙：中南大学出版社，2021.

[6] 蒋萍. 基于大数据的高校大学生就业创业指导策略研究[J]. 佳木斯职业学院学报，2020，36（9）：59-60.

[7] 高帆. 新形势下大学生职业生涯规划与就业创业探讨[J]. 就业与保障，2020（15）：65-66.

[8] 陈青. 大学生职业生涯规划教育的困境与对策[J]. 劳动保障世界，2020（17）：51-52.

[9] 李敏，刘超. 创新创业背景下大学生职业生涯规划的探索[J]. 大众标准化，2020（8）：170-171.

[10] 程胜利. 基于"三全育人"的大学生就业创业指导服务实践研究：以宁夏大学为例[J]. 智库时代，2020（11）：158-159.

[11] 杨海峰. 基于合作学习理论的大学生就业创业指导研究[J]. 中国成人教育，2020（5）：50-53.

[12] 高秋艳. 新时代大学生职业生涯规划教育的现状及破解[J]. 中国大学生就业，2020（5）：54-58.

[13] 许众威，万云. 高校大学生职业生涯规划教育体系的构建[J]. 中国集体经济，2019（34）：160-161.

[14] 蒲实. "互联网+"时代大学生就业创业指导工作创新[J]. 现代交际，2019（20）：183.

[15] 侯晓珊. 大学生职业发展与就业创业指导课PBL教学法研究：基于翻转课堂的视角[J]. 辽宁科技学院学报，2019，21（5）：53-54.

[16] 曾惠娴. 当代大学生职业生涯规划教育存在的问题及对策[J]. 武汉冶金管理干部学院学报，2019，29（3）：48-50.

[17] 李恒. 探析大学生职业生涯规划与就业创业教育模式[J]. 东方企业文化，2019（S2）：100.

[18] 陈凯乐，洪亮. 高职院校辅导员参与大学生就业创业指导工作探索：以理工科类高职院校大学生为例[J]. 农家参谋，2019（5）：150.

[19] 何林智. 新常态视域下高校大学生就业创业指导服务体系构建路径探究[J]. 智库时代，2019（4）：4-6.

[20] 康凌宇. 大学生职业生涯规划与就业创业指导课程实践教学体系构建[J]. 卫生职业教育，2019，37（3）：11-13.

[21] 马艳. 职业生涯规划与大学生就业创业[J]. 河南农业，2018（24）：28-29.

[22] 李旭. 基于就业创业视角的大学生职业生涯规划教育体系[J]. 现代职业教育，2018（13）：238-239.

[23] 吴莎，孙玮. 谈高职学生职业生涯规划：评《大学生职业生涯规划与就业创业指导》[J]. 社会科学家，2020（12）：19.

[24] 朱芳转. "大学生就业创业指导"课程改革与教学实践[J]. 教书育人（高教论坛），2021（6）：86-87.

[25] 白紫君. 高校就业创业指导工作路径探索：评《大学生就业与创业指导》[J]. 中国高校科技，2020（10）：100.

[26] 韩笑，饶先发. 课程思政融入《大学生职业生涯规划与就业创业指导》的价值理据与实践路径[J]. 决策探索，2021（1）：52-53.

[27] 韩治平. 习近平教育思想视野下的高校教学改革研究：以《大学生职业规划与就业创业指导》课程为例[J]. 呼伦贝尔学院学报，2020，28（6）：138-141.

[28] 冯冰，周华. 新商科背景下大学生职业生涯规划与就业创业指导课程改革探索[J]. 现代职业教育，2021（3）：38-39.

[29] 张可可. 小组工作介入大学生职业生涯规划研究：以新疆某高校"伙伴计划"项目为例[D]. 乌鲁木齐：新疆大学，2019.